願你有個自己說了算的人生

任性出版

關於結婚、生子、工作、搬家……或出走？
別問爸媽、另一半或朋友，你該趁此活出自己想要的樣子。

四十餘萬冊暢銷作家
易小宛 著

目錄

第三章

行走江湖，帶刺的善良會更好 081

第四章

時間能治癒的，是願意自救的人 107

第五章

第六章

第七章

第八章 懂生活的人，能讓平淡的生活發光 263

推薦序

人生由己不由人，是時候拿回掌控權

臨床心理師／李郁琳

你是否非常在意他人眼光，而無法做自己？你做決定的時候總是猶豫，希望別人給你認可的眼神，才能放心？你的人生沒有目標，也不知該怎麼努力，但又常抱怨老天不公平？你的生活充滿了別人的評價與議論，你想逃，卻又邁不開腳步？

想一想，你是否害怕努力過後還是失敗，所以為了維護自尊，習慣先自我設障（self-handicapping），好讓一切不順心的事情，可以推託給命運，推卸給他人？還是，你的人生在你用盡全力拚搏後，就不後悔？

人生，本來就沒有標準答案，所以也不需要苦苦等待別人給答案。即使事後覺得自己做了錯誤的決定，最壞的狀況不過是多拐幾個彎、多繞點路，不像別人有直達車，我們得換幾班車，才能到達相同的地方。所以，就算選錯了，人生也還是有路，不會走向死胡同。

慢車有慢車的風景，直達車也有它被賦予的使命，不同道路看到的是不同景致，遇上的是不同人。或許經歷不同、成就不同，但，你該慶幸，你腳下踩的每一步，都是經過自己自由意志下的選擇，就算一腳踩進爛泥巴，掙脫出來之後，還是可以前進。

在韓劇《孤單又燦爛的神——鬼怪》中，我對一段很有哲理的話印象深刻：「神只是提問者，命運是我提出的問題，而答案由你們尋找。」換句話說，每個人經歷的一切，可能是為了回應「人生」對我們提出的「疑問」。

一路上，我們會遇到諸多挫折、困難，過程中也會感到困惑、不安，甚至想放棄。可是，我們還是需要從中學習、試誤（不斷試驗以找出方法），才能對人生拋出的問題，給出適切的答案。然而作答過程並不容易，大家選擇的方向不盡相同，有些人早早投降，有些人回頭找人幫忙，有些人則是努力自己解題。

漫漫人生，總有一個理由，足夠讓我們為自己努力無數次，然後過上一個不看他人臉色、絕對自主的生活。作者透過本書，就是想傳遞這樣的訊息：「自己的人生，自己作主。」

我喜歡書中這句話：「如果上帝為你關上一扇窗，那你一定讓祂把門也關上，因為，你可以自己開冷氣。」

日子或許不完美，但我們能在各方面學習獨立自主，不用像童話故事中的公主，只能被動等待王子的救援。我們可以把日子過得有彈性，視挫折為墊腳石，幫助我們更接近成功，也可以轉個念頭就順勢解決問題。如此為自己放手一搏的勇氣，幫助我們創造更多幸福的可能。

在本書中，作者藉由不同面向的不同案例，跟讀者分享如何透過自我節制，經營自己的內外在，讓自己優雅又從容；如何擁有善良但又帶點刺來行走江湖；如何在愛情裡成為自己的女王，而不是在錯誤的人的生命中當插曲；如何用心生活，讓平淡的日子也能發著光。

讀完本書，我們可以知道，在生活中的各種努力，不是為了取悅別人，而是為了完滿自己。願你能活成自己喜歡的樣子，有個自己說了算的人生！

第一章

告別「差不多」人生

1 不夠專注，所以你焦慮

一個朋友說，每天叫醒她的不是鬧鐘，而是焦慮。

每天晚上，她都因為焦慮第二天的工作和生活而失眠，而清晨又因為自己昨晚短暫的睡眠而焦慮，如此陷入一個循環，導致她每天都很恍惚……。

泡茶葉的時候泡成了木耳，眼睜睜的看著泡發的木耳溢出水面。

總是粗心大意打錯資料被老闆批評，而站在西北風底下哭，就算不發薪水，光是喝西北風也喝得挺飽的。

好不容易心血來潮想打理自己一下，聽說蛋白可以保養頭髮，便在洗澡的時候打了個雞蛋在頭上，結果水太燙掛了一頭蛋花。

她總覺得自己很糟糕，覺得自己一無所獲。

你以為這就是她的日常？其實還沒有結束。

工作的時候，她的節奏並不是很快，通俗點說就是很閒，於是和同事產生各種聊天版本。

「聽說╳╳的老公是╳╳，怪不得她這麼囂張。」

「聽說╳╳和╳╳好像很曖昧，上次還碰到他們一起吃飯。」

「聽說新來的那個小女生和老闆是親戚呢，以後得小心點。」

「聽說╳╳剛買了一個包好貴，可是我們這裡都不流行那個牌子。」

聊完天後又唉聲嘆氣，覺得沒好好完成自己負責的工作項目，自己的未來好渺茫、好焦慮……但其實從她們的聊天內容來看，她根本可以當一個好編劇，把生活的每一個小細節，都編成一部狗血劇。

有人開玩笑說，如果你不夠努力，請不要焦慮。如果想在北京買一套三、四十坪的房子和一輛瑪莎拉蒂，那麼你不妨給自己定個小目標，比方說先活它個二十年，然後再向天借五百年。別用焦慮把時間都磨光了。

我們焦慮別人比自己優秀，卻忘了用時間和努力去證明自己；我們焦慮別人比我們快樂，卻忘了修煉自己的內心；我們焦慮別人的成長速度快，卻忘了我們只是在原地踏步。

記得中國電視劇《北上廣不相信眼淚》裡有段臺詞是這樣的：「太陽突然從雲層裡鑽出來，陽光灑到地面上，我突然看清了所有人的臉，看見無數個你我，叫著、喊著、笑著擠進車廂，一輛接著一輛。我在想，車廂裡擠進多少人，就塞進了多少夢想。」

焦慮時，腦海裡總是充斥著太多「你看別人怎樣怎樣」、「我好沒用」、「真的來不及了」、「哎呀！這樣下去怎麼辦」……有時我們所說的順其自然，其實只是無能為力。

你的焦慮更多只是逃離，而背後真正的原因是：**我真的喜歡現在的生活嗎？**

亞楠是個特別好強的女生。學生時期就相當上進，不但人美，成績又好，在別人眼中，她的每一步都走得非常順利；我們總是在照片中看到她用心去過的每一天，那些風景，都是她獨有的。

可是某次聊天，她對我說，其實在她高考[1]完那一年，她的父母就離婚了，父親不願意給她更多生活費，所以上大學之後，她靠著在課餘時間打工，賺錢養活自己並且照顧母親。

每一天，她都過得很辛苦，但是看著自己付出得來的成果，她依舊像一個小女孩一樣，買一件心儀的禮物送給自己。每一天，她都會拍照記錄，照片裡的她永遠自信滿滿。

無論生活多難，她都笑靨如花，無論有什麼不開心，好像一個霜淇淋就能解決——「沒有什麼是一個霜淇淋解決不了的，如果有，那就兩個。」她說。

每年過年，看到別人一家團聚，她的心裡都酸酸的，沒有一個地方可以容納

1 中國普通高等學校的招生考試，是由普通高中畢業生和具有同等學力的考生參加的選拔性考試。

她。但是她依舊沒有因為明天的不確定，而感覺到焦慮。後來，她努力工作，不斷充實自己，並且有了自己的小家庭。

就在她結婚不久，她的父親突發性腦梗塞，雖然有時候很恨父親不爭氣，可在得知父親生病的時候，她還是第一時間趕回去照顧他，並且花光了所有積蓄。她說，儘管生活給她的壓力遠比想像中多，但那又有什麼關係？我們**活著不就是為了處理這一個又一個的難題，然後開懷大笑嗎？**

當你的內心平和了，這些焦慮自然會轉化成前進的動力，一如印度詩人泰戈爾所說：「除了穿越黑夜的道路，無以到達光明。」

我曾看過一篇文章，題目是：「珠穆朗瑪峰邊上的屍體數量，比你想像的要多很多」。珠穆朗瑪峰即聖母峰，在征服這個世界第一高峰的過程中，有很多人因為天氣以及其他各種原因死去，屍體暴露在茫茫雪山中；但由於山上的溫度太低，那些屍體根本不會腐爛，即使不斷有登山者經過那些屍體也無能為力……這麼多年下來，那些去世登山者身上的鮮豔衣服，很多已經成了地標，當大家看到不同的屍體，就大概知道自己身處什麼高度和位置。

可能有人會疑惑，沒事為什麼要登聖母峰？簡直是發瘋。

有時候，我們會焦慮為什麼有那麼多天災人禍，焦慮那麼多的無疾而終，焦慮不知道明天和意外哪個先來。但我們勇敢的去做一些事情，就是告訴人們，時光是用來享受的，而不是用來焦慮的，用焦慮的時間做一些更有意義的事情吧。

那麼，努力之後就不會焦慮了嗎？會。

但是這種焦慮，是讓你有更多充實自己的時間。生活本來就是一件很複雜的事情，我們要用自己的善意和努力，去把它過成我們想要的樣子。

人總要為這個世界留下點什麼。如果上帝為你關上一扇窗，那你一定讓祂把門也關上，因為，你可以自己開冷氣。或許我們不完美，但是我們擁有快樂的能力；或許我們不富有，但我們擁有更多創造幸福的能力。

不要總是讓自己在焦慮中度過，路是你選擇的，也會因你而改變。畢竟唯此一生，多麼短暫，我們都需要放下焦慮，用最適合自己的方式去生活。

2 沒有才華，所以我用命拚

之前的很多年，我都在做一個以「差不多」為主題貫穿人生的人。

考試成績一般，覺得差不多就行了，幹麼那麼認真呢；體重差不多就行了，幹麼那麼累的鍛鍊塑形呢；工作差不多就行了，幹麼那麼爭強好勝呢；做事情覺得差不多就可以了，幹麼那麼苛求完美呢……當時還覺得自己心態好，其實只是在**給自己的懶惰和懈怠找藉口**，往往覺得差不多的，到最後都「差很多」。

所以有時候，我們誤以為這個世界太殘酷，但事實不是這樣。待我年紀稍長，有人說，當你庸庸碌碌去過每一天，卻連工作中最起碼的話語權都沒有時，你又要怎麼保護自己？更別說去保護你想要保護的人了。只有當你強大了，才能真正看清極致人生的意義。

漫畫家蔡志忠說過：「選擇自己最喜歡的事，把它做到極致，才是人生最大的快樂。」我們來人間一遭，不是為了去換數不盡的鈔票，是要來完成自己的夢想、走自己的路，其他都不值得。

蔡志忠一歲開始看《聖經》，一歲到三歲半，是一個標準教徒，會背誦經文。四歲半時，他找到了他的人生之路——繪畫。堅持這條路的他曾經四十二天沒打開門，在屋子裡完成一件工作；曾經埋頭苦幹五十八個鐘頭，就為了完成一個電視片頭；曾經去日本四年畫諸子百家；曾經耗上十年又四十天研究物理。他非常喜歡一個人做自己喜歡的事。

他說，任何厲害的人，都會活得很明白，知道自己這輩子要拿什麼刷子混飯吃，及早就把刷子選好。

當你百分之百的投入，置心一處、置身一處，便聽不見其他紛擾。

總是以「差不多」來要求自己的人，覺得自己好像對生活毫不苛求，活得隨心所欲。其實，有時候是「太將就」。

太將就的人生，總有一天會過得亂糟糟；對自己沒有要求的人，又怎麼能認真的對待每一件事、每一項工作、每一段人生的路途？是不是要等到七十歲，才覺得自己差不多該認真了、該堅持了、該看清了？

我身邊有一位朋友，做任何事情都規畫好，而且特別認真執行，比方說：計畫早上六點起床，絕不會拖到六點零一分；每項工作都一定做到客戶滿意為止，差一點都不可以；她還每天晚上堅持夜跑，每次都跑半小時以上。別人都覺得她太認真了，認為這樣的生活方式太累，差不多就好了，何苦把自己打造成停不下來的機器人呢？

但她說，正是因為這些嚴格的生活作息，才讓她在工作中遊刃有餘；正是因為這些堅持，才讓她的意志力越來越強大，看待這個世界的視野越來越寬闊。

這讓我想到，彭于晏說過：「當你停止學習，你的演員生涯就結束了。」二〇〇五年，彭于晏拍攝《海豚愛上貓》時，他花了一個月了解自閉症兒童，並學習訓練海豚，和海豚相處。拍攝結束的同時，他更拿到了海豚訓練師的資格認證。

二〇一〇年，彭于晏拍《翻滾吧！阿信》時，為了讓拍攝效果更好，以專業體操運動員的強度，足足訓練了八個月。他每天和體操運動員同吃同住，不吃甜點和高脂肪食物，一整天下來，除了吃午飯、洗澡以外的時間都在訓練，結果，他用兩個星期學會後空翻和跳馬，兩、三個月內就達到一般人練習三到五個月的程度。

二〇一三年，彭于晏拍《激戰》時，進行了魔鬼訓練加節食整整三個月，其間他學會了泰拳、巴西柔術、鎖技。二〇一四年，他拍《黃飛鴻之英雄有夢》，為了學習正宗的南拳套路，他特別請了一位著名南拳教練，每天訓練十個小時，半年後，工字伏虎拳、虎鶴雙行拳他全都學會了。

二〇一六年《湄公河行動》開拍前，他學習緬甸語、接受了槍械訓練、學習與緝毒犬相處，還接受了皇家御用保安的特訓。他曾說過：「**我就是沒有才華，所以才用命拚。**」

當你做任何事都用盡全力，你會發現身體裡的潛能，不斷被激發出來。

很多人動不動就問：那麼拚命有什麼用，還不是輸給好看的臉、輸給有錢的爹、輸給殘酷的現實？

但當你更加全能的時候，你會發現，沒有什麼難得倒你。一個對自己有要求的人，往往擁有更多自律能力。這種自律會讓你把生活管理得更好，不斷提升約束自己行為的能力和水準，而那份專注力具有能量，讓你克服恐懼，披荊斬棘。

有時候，我們總是得過且過，無論生活、工作和一起過日子的對象，都是湊合來的——其實**讓大多數人疲憊的並不是生活，而是自己的內心**。

停下那些抱怨，追求生命的品質，有一種能讓生活充滿能量的方式，就是**不要停止熱愛**。那種極致的付出背後，其實是對生活的另一種認可；或者說，把普通的人生折騰到能發光。

有人說，現在的心靈雞湯不就是號召我們多努力、少睡覺嗎？我們都有努力病，以前當學生時覺得熬夜真好，看球打遊戲，連續兩天不闔眼都沒問題，誰叫我還年輕嘛，就連人生座右銘都圍繞著這幾句：「眾人皆睡我獨醒」、「成功人士每天只睡三小時」、「天才從來不會把時間浪費在睡眠上」、「生前何必久睡，死後必會長眠」。

其實所謂的拚盡全力，並不是要你不吃、不喝、不睡，只埋頭做事，而是**把**

焦點放到你對一件事情的注意力上。如果做一件事情常常三天打魚兩天晒網，最後總是潦草收場，而且沒有計畫、沒有目標，每天都活得庸庸碌碌——請對那樣的人生說「不」。

不管別人做什麼，不管別人講什麼，我們只需要傾聽自己的心靈，而淋漓盡致的生活與真實的付出，是對抗時間流逝的最佳武器。我們工作、生活、烹飪、健身，不斷追求自己喜歡做的事情，都是為了尋找存在的價值。

世間熙攘，你需要用心去栽植你的美好。你種下什麼種子，就會收穫什麼果實，中途的風雨降臨，都是為了讓你的果實長得更好。

3

變好不能改變世界，但能成為點綴

如果你的女朋友出現以下症狀——反應淡漠、焦慮緊張、抑鬱敏感、容易健忘、心悸眩暈等，別擔心，她大概是餓了。

我本來已經想好這篇文章的題目：「你努力減肥的樣子真的特別孤單」，覺得吃是最大的治癒，何苦為難自己拚命減肥？可就在某天，這種想法突然改變了。

那天，我陪妹妹去呼和浩特[2]的銀行面試，雖說下午兩點才開始，但我們一點到現場的時候，培訓大廳已經等滿了人，放眼望去，個個滿臉的青春活力。

我對妹妹說：「想不到這次面試的水準滿高的嘛！」

妹妹笑著回應：「他們在學校第一次面試和筆試結束的時候，就幫應徵者都拍了照，這已經是篩選後的第二輪。等這一輪情景模擬結束後，還會繼續一一拍照，最後留下的才是真正的勝利者。」

剛說完，主辦方便請所有應徵者上樓。我看著身穿正裝、外貌身材兼具的男男女女從我面前整齊走過，視覺上還真是清新；如果他們個個滿臉滄桑、膀大腰圓，呈現在眼前的大概又是另一番景象。

那一刻，我突然覺得，一個人控制好自己的體重，修煉好自己的氣質，對別人來說也是一種尊重，而且會給世界帶來更多的美。

面試結束後，我和妹妹坐火車回家。車上的乘務員是個身著紅色正裝的女生，不僅形象氣質相當好，提醒乘客查票的時候也是面帶微笑；看著她那精緻的妝容和纖瘦的身材，都讓人覺得眼前是一道亮麗的風景……。

好吧，我承認我在看臉的世界有些迷失了，但我們每個人不都是努力想讓自己變得更好嗎？

---

2 中國內蒙古自治區首府，位於內蒙古中南部，別稱青城。

最近，公司新來一位同事，四十三歲，身高一百六十八公分，體重保持在五十公斤；她因為之前的工作節奏比較快，所以想要換個環境，好好享受一下生活。她表示之前工作很忙碌，沒有時間穿漂亮的衣服打理自己，現在終於可以每天美美的上班工作。每次看到她，她總是穿著得體的套裝，儘管已經四十多歲了，看起來卻像是二十幾歲。

她說：「我就是想把自己打扮得美美的，不為那麼多瑣事操心。就算某天老公開始嫌棄我，大概也找不到比我年輕漂亮的小三了。」要知道，一個女人的氣質和容顏，對一個家庭有多重要。

我身邊還有一個凍齡的例子。我們公司樓下是老年合唱團，每天我進出電梯的時候，都會遇到一些年紀大的阿姨、叔叔來唱歌。

有一天下樓時，我在電梯裡遇到幾個唱完歌回家的阿姨，其中一位真是讓我見識到了什麼是「小蠻腰」，而且她的衣著搭配極其講究，即使臉上有皺紋，看起來依舊很美。

我聽到她對同伴說：「下午約了朋友一起去做美容。」那一刻，三十歲的我活像個難民——頭髮沒造型，衣著沒搭配，皮膚沒用心保養，看起來更像大媽。

過了一個月左右，有一天早晨，我去上班，前面走著一個漂亮小姐，身著精緻的裙裝，戴著禮帽、墨鏡，踩著十公分的高跟鞋，像是已故知名女演員奧黛麗·赫本（Audrey Hepburn）的經典造型。

我在心裡驚呼，這小姐一定是從外地回來的吧，瞧這身材和這衣著品味，路人回頭率簡直百分之百。我不自覺的加快腳步，走到她的前面，忽然聽到身後兩個阿姨和她的對話：

「您的模特兒身材還是和年輕時一樣，今天也要去老年合唱團練歌啊？」

「嗯，有空就想唱唱歌。」

我一聽，立刻回頭——原來那個漂亮小姐，就是之前那位年輕的阿姨！她已經六十多歲了，可是戴上墨鏡，穿上小套裝，完全像是年輕的小女生。那一瞬間，我被震撼到了。

真正的美，是隨時隨地散發出來的氣質。

所以，不要再埋怨洗頭累了，也不要再嫌化妝品貴，更不要覺得自己總有一天會老，就邋遢一輩子。打點自己或許並不能改變這個世界，但是你可以成為這個世界最美的點綴。

修煉你的氣質就是提升你的自控力，而一個自控能力強的人，才擁有更多的自信。或許我們的**容顏會隨著時間衰老**，但是我們的身材和氣質，需要我們自己去塑造和提升。

你要相信，生命在於運動，運動起來的生命才更有活力。有人說，你的身材反映你的修養和自制力，減肥和保持體重其實就是學習克制和自律的過程。你能控制住自己的體重，就能控制自己的生活，找到時間去享受生活美好的一面。

好看的身材就是你的名片，還未說話就會讓對方留有最初的印象。

健身和減肥**最可怕的，不是痛苦的堅持，而是從未開始**。只有讓身材變成自己喜歡的樣子，才能更好的擁抱生活。

4

不只是「想得美」，還要做得美

我和碧園阿姨在藏餐吧[3]吃飯。

碧園阿姨是藏族人，很小的時候和父母來到城市，雖然很少回西藏，但是她依舊喜歡藏族風格的餐廳。

已經快五十歲的碧園阿姨，看上去更像是一個單純快樂的小女生。她說，一個人一定要**學會和自己的內心對話，而且要把自己的心放大，有自己的格局**，不要

3 餐吧是將廚房搬進餐廳，使顧客與廚師面對面；顧客可以欣賞廚師精湛的烹技表演，亦可與廚師聊天交流，給客人一種全新的美食體驗。

局限在小小的情緒中。

我環顧了那個藏餐吧的環境，空間不大，但濃厚的藏族風情讓人如同身在西藏一般。餐廳老闆是一對小情侶，他們每年開幾個月的餐廳，然後會回到西藏，把一些熱心人士捐助的衣物用品帶回去，送給那些有需要的人。

我和碧園阿姨坐在一個小隔間裡，牆上畫的是藏族的牧羊少女，碧園阿姨向我講起了她的故事。那個下午，我們聊著各自的生活，碧園阿姨也教會我如何做個大器的人。

年紀再小一些的時候，我覺得人生就是小學、國中、高中，如此不停升級。朋友三三說過：「讀書時，我們總是太過逞強。」那時的三三，能夠因為一道數學題目的對錯，和同學爭得面紅耳赤，也能因為一個英文發音，拿著拖把和同桌打起來。

「那時的我真是年輕氣盛啊，如果換作現在，哪怕別人對我大喊大叫，我都不會理他，而是淡定的再看五分鐘的書。太過暴躁的處理問題，只會暴露出自己的淺薄。」三三笑著說。

前段時間，我和同事整理檔案，她開玩笑道：「妳看，**人一輩子下來，不過是由這幾十張紙組成**，我們最後留下的，也就是這些紙，有國中畢業證書、高中畢業證書、大學畢業證書、工作報到證，以及各個階段的檔案紀錄……。」

笑過之後，有一種悵然若失的感覺——我們的人生，真的只是這樣就好嗎？

後來我懂了，我們不僅要升級，還要有打倒內心小怪獸的勇氣和決心。

廣播主持人小北的每一期節目更新，我都會去聽。某一期她這麼說：

「凌晨時分，我躺在峇里島的別墅裡，悠閒享受這度假般的愜意感覺，腦海裡不由得想起一年前的生活——忙碌了一天，又累又餓，還想吃肉，於是去麥當勞買了一份巨無霸漢堡，開始擠公車，和往常一樣遇到下班尖峰，難以掙脫。」

那時的她，工作千篇一律，為房租和水電費發愁，總是下了班、踢掉高跟鞋倒在床上休息個十分鐘後，就打開電腦繼續工作。

那時的她，經常對著客戶的意見，將策劃書改了又改，有時候也想放棄，可是又想到生活哪有那麼容易，不經歷一場戰鬥，怎麼會有好的未來？

不久之後，她正式辭掉工作，由朝九晚五上班族邁入自由業。她敢於嘗試，做了有自己品牌的主播，雖然每天都很辛苦，但是成就感滿滿。

她說：「讀高中時跟同桌說，我的夢想，就是在畢業兩年後成為一個月入兩萬[4]的人。」

同桌噗哧一笑：「不可能，我哥現在都畢業四、五年了，月薪還不到一萬，妳別做夢了。」

小北很不服氣的跟她打賭，如果自己畢業兩年後，月薪達到兩萬，就要對方買一百本言情小說給她。學生時期，小北最喜歡看的就是言情小說了。

沒想到畢業兩年後，小北過了看言情小說的年紀，與同桌也早已失去聯繫，而那個年少時的遠大目標卻實現了。那過程的苦，唯有自知。

小北說，很多事情，真的不怕想，想得美又怎麼樣呢？別人眼裡的「想得美」，你就用行動來證明，你不光「想得美」，還「做得美」。

我看過一部動畫短片《小橡果的旅行》（*Acorn*），講述了小橡果不甘與其他橡果一樣，按部就班的在原地生根發芽，選擇自己尋找合適的生長地點，一路上遭遇種種險阻。短片最後，小橡果在陽光照射下生根發芽，它覺得一切的努力都是值得的……。

我以前的同事主修國際貿易，她在工作之後又迷上考古。於是她一邊工作，一邊看書，又考上了考古專業的研究生。去年，她生完小孩，寶寶剛一歲，她又去了義大利做交換學生。我看到照片裡的她自信滿滿，在威尼斯大大的天空下，露出美麗的笑容。

她發了一則動態：

一天六個博物館也算對得起本專業了，莫內大師的畫作真跡近在咫尺，全英語解說鍛鍊聽力。

4 人民幣一元約等於新臺幣四．二元。

她的努力像一面鏡子，照出了更美的自己。

我想起一部紀錄片《成長系列》（*Up Series*，又譯人生七年）[5]。劇組選取了十四位不同出生背景的小孩，從七歲開始，每隔七年記錄下他們的成長變化，就這樣從七歲一路記錄到了六十三歲（每七年一集）。

這項歷時五十六年的研究，揭露了一個殘酷的現實：「出生影響命運」，卻也印證了一個事實：「人的命運是可以改變的，而且每隔七年都有一個大轉變」。

我印象較深刻的，是尼克（Nick）的逆襲和蘇西（Suzy）的坎坷。

尼克出生在偏遠山區，七歲時很自卑，十四歲對物理很感興趣。二十一歲再接受採訪時，他已經考上了牛津大學。

出生在富貴人家的蘇西，七歲時性格略帶嬌氣，十四歲時輟學離家，二十一歲時像個叛逆青年，不信任婚姻。二十八歲時再接受採訪時，她已經成家，性情也變得溫和。

如果說人生頭七年，奠定了我們的生命基調，那麼之後的每個七年，你做的事情、你的態度，都決定了你未來人生的走向。

我曾以為一地雞毛會把生活碾軋得面目全非，可當我認真體會，卻發現那些瑣碎的生活紋路，會成為刻在我眉間和心上的勇敢，帶我們穿過平庸。也正是青春留給我們的那些**倔強和勇氣**，才讓我們在最好的年紀，**不辜負自己**。

5 由英國獨立電視臺ＩＴＶ出品的紀錄片，於一九六四年開始記錄十四位英國七歲兒童的生活。被選中的孩子們代表當時英國不同社會經濟背景的階層，藉此觀察社會階級是否預先決定了他們的未來。本片最新的一集（*63 Up*，被記錄者六十三歲）已於二〇一九年六月播出。

第二章

願你有個自己說了算的人生

1 我們每天都在出發，且走且成長

十二月的陰山小城，冷風過境。某天下午，我途經一個賣栗子的阿姨面前，聞到栗子的香味，想到多年前自己還是學生的時候，也是那樣一個下午，雖然天氣很冷，我裹得像顆粽子，但心裡還是暖暖的。

有時候，我在想，如果時間倒退十年，重新來過，是不是自己還是現在這個樣子？有時候，我看著車窗外的雲朵和夜幕下的星辰，好像時光靜止，回到最初。

幾年前，我去敖倫蘇木古城遺址[6]，那對我而言是最有意義的一段旅程，不好不壞的天氣，有一種「天蒼蒼，野茫茫，風吹草低見牛羊」的壯闊。

一路上，我聽幾位老師講述一些傳說，與古城汪古族[7]部落的歷史和突厥石人墓有關。等到我真的身處古城遺址，見到突厥石人墓，好像時光穿越千年，頓感世界的奇妙。

我們去的前一天，正好下過一場大雨，泥土中有清新的雨水味道。當風從眼前經過，同行的一位老師說：「曾經的豪華殿宇最終都化成了一抔黃土，**再輝煌的歷史，都有被時間沖刷的那一天。**」

我們的人生又何嘗不是？

從古城遺址回來的時候，車子慢悠悠的在山群間盤旋起伏著，太陽亦是如此，時而白天時而黑夜；音響裡放著中國男歌手許巍的歌，正如穿過幽暗的歲月，卻沒有半點徬徨。這就是最清澈高遠的自由世界，山尖上彷彿駐留著一朵朵盛開的雪蓮花，它們始終朝著太陽的方向。

---

6 是一處元代（西元一二七一年～一三六八年）中國北方的城市遺址，位於內蒙古，遺址內還出土了大量的建築構件、石碑、石獸以及景教墓石等遺物。敖倫蘇木為蒙古語，意思是「眾多的廟」。

7 金元時期陰山以北的民族。

二〇一六年，微博上一個「我在洪洞修壁畫」的話題，讓郭佳走進人們視野。自小生長在山西的郭佳，受底蘊深厚的古典文化薰陶，一直對歷史文物有著濃厚的興趣，甚至大學讀的也是冷門到不行的文物修復專業。

二〇一四年，她到山西洪洞廣勝寺，開始從事寺內的古壁畫保護和修復工作。一年兩百五十個工作日，每天都要對著冷冰冰的牆壁修修補補。面對幾百平方公尺的壁畫，只能一寸寸的清理成千上萬的大洞小洞；接著手握細小的工具，一層一層填泥，再壓實。毫釐之間，更不能有半點差池。

每一幅壁畫的完全修復，都耗時特長。陰冷的大殿中，長久積藏的灰黴、病害，成了身體的極大考驗，即使是盛夏酷暑，也得穿上厚厚的衣服才能工作。對郭佳來說，令人膽戰心驚的，還有上上下下的爬鷹架。

就這樣，壁畫在不知不覺中，成了她的精神寄託，寺廟是真正的歸宿。在那裡，浮躁會離開，自己會謙卑。郭佳表示會一直堅持下去，在靜默的時光裡，完成自己青春的修行。

有時候，時間雕刻在我們臉上的可能是滄桑，但在我們心裡刻下的，卻是成長——**一個人的內心成長了，才是真正的成熟。**

在風阻係數極高的內蒙古，我很小的時候，有時遇到刮大風，我就在頭上罩個紗巾，像極了蒙面飛俠。我時常想，如果時間能慢下來就好了……。

幾年前友人傳簡訊告訴我，她有事去了天津。她說她試著感受了一下我曾經在這條路上的點點滴滴，幫我呼吸那個城市的空氣。

突然間，我似乎有種感動，或是懷念起已然逝去的大學時光。喧鬧的城市，華燈初上，畢業至今，我的腳步沒再踏入過那座城市。我的目光有時會不由自主的穿過車窗玻璃，望著黏在路牌上的白色楷體字。儘管那座城市逐漸淡出我的生活，但在我的內心，它依舊光鮮。

有朋友說，年紀大了，越來越不愛自拍，害怕接下來控制不住自己，開始對廣場舞感興趣。

經過諸多歲月，我的朋友圈裡，大家各自忙碌著。

舉例來說，燕子忙著經營自己的美容院，從清晨四點化新娘妝到晚上十點繡隱形眼線，從下午的紋身到早上的美甲，每天都累到不行。但，這大概就是奮鬥的意義吧，畢竟年輕的時候，浪費一點時間都會有罪惡感。

誰也想不到，當年那個不愛讀書、每次考試都倒數而被老師罵哭的小女生，如今成了大老闆。

王洋則是每天忙著採訪，顧不上胃病三天一大犯，兩天一小犯。她說，成長的一個表現，不是解決問題的能力變強了，而是哄自己的能力變強了。生活中所有人事物，都是偶爾客串，難得被放在心上。

我知道這個倔強的姑娘一路有多努力。幾年前難得碰面一次，當時她身材微胖，笑起來很自然；幾年後的她瘦了六、七公斤，每天忙到忘了吃飯，不過依然在工作之餘學英語、看球賽、聽話劇，去做所有自己喜歡做的事情。

至於柳波，發了一張在工地煮餃子的照片。這個大男孩碩士畢業，剛出社會不久，由於專業是土木工程，他便去工地開始了自己的第一份工作，每天吃住都在移動工棚，夏熱冬冷。

工作這段時間以來，他因為用腦過度，髮際線已經越來越靠後。他說，看到工地的工人每天那麼辛苦，就知道生活有多不易。

「我決心要把握每一天，享受每一天，不恐懼衰老，不害怕改變和失望；而且無論幾歲，都可以時尚，都可以保持天真之心，都有得到幸福的機會，只要我不放棄。」

像這樣的口白，常常出現在美劇《慾望城市》（*Sex and the City*）每一集的結尾。每次我聽到這樣的話，總會生出無比勇氣。

生活中，我們總是缺少很多改變的動力。漸漸的，我們手機不離身，習慣癱坐在沙發上，還總是被很多雞零狗碎所打擾。

其實，**每一天我們都在出發**。或許我們並不知道出發的意義究竟是什麼，但是這樣度過的時光，大概才沒有遺憾。

有些往事就像陳舊的書信上逐漸變淡的墨跡，被生活的軌跡打溼，接著在發黃的紙張上暈開來，越發模糊。在這樣的氛圍中，那些隱含於往事的蛛絲馬跡和難以具陳的動人心曲，突然如同煮開的水，咕嘟咕嘟的冒著泡泡，沸騰起來。

我們都曾是內心倔強的小孩，心裡住著奔跑的信仰，如同內心栽種的植物，在一座坐北朝南的小屋裡，爬滿雪白的牆壁，渲染了童年嘴裡輕輕吹出的泡泡糖。只是隨著時間，曾經追逐的光鮮亮麗，漸漸被一些質樸的東西所代替。我們開始欣賞那些在奔波勞碌的生活中，依舊可以面如春風的笑容；喜歡雖然無家可歸，但依舊活蹦亂跳的流浪狗；尊敬那些生活窘迫，卻依然努力前行的人。

短暫的積蓄能量之後，想必你也會想念那些**執著於光陰的頑強**。在這個時候，請開啟一段嶄新的旅途，不管夜有多黑、風有多狂、路有多長，你就是你最好的支持者！

2

人生不只一種活法，尤其別人眼裡那一種

我們走了那麼遠的路，只為了某一刻，與真正的自己相遇……。

朋友蘇然離開家鄉，去北京打拚，三年內搬了五次家。第五次租的房子牆面是她自己刷的，用非常淺的藍色塗料，讓房間裡泛出淺淺天空的感覺。她還特別購置了一個大大的衣櫥、一個音質很好的小音箱，經過簡單設計，讓自己的小屋到處充滿陽光的味道。

她努力工作，認真生活。夜深人靜的時候，蘇然會做一些甜點，寫一寫自己喜歡的書法，享受和自己獨處的時光。她說：「無論在哪裡，無論此刻的現狀是什麼樣子，都要讓自己過得對得起自己。」

後來她養了一隻叫三哥的貓，種了一盆叫大花的多肉植物，有時候週末，她

會在小屋裡點上香薰，在小音箱的陪伴下跳健身操。有音樂，有她喜歡的動物和植物，即使每天忙碌生活，蘇然也特別快樂，好像擁有一個屬於自己的小港灣。

在別人覺得蘇然獨自在陌生的城市漂泊、無依無靠時，她總是笑笑：「我在我自己的世界裡占山為王，過得風生水起呢。」一點都不後悔自己的選擇。

如今很多女生像她一樣遠離家鄉，在陌生的城市拚搏努力，那種讓人充滿鬥志或孤獨的過程，都是她們勇敢的選擇——不放棄努力，也不降低標準；她們想要的，不過是自己說了算的人生。

中國作家楊熹文出國的時候，只帶了一週的生活費，她發誓不再讓父母為自己的生活買單，發誓要有獨立生存以及讓父母過上更好生活的能力。

在剛出國的頭一、兩年，她一邊上課一邊堅持打好幾份工，平常吃泡麵、住最廉價的房子，一個人就算走夜路也捨不得坐公車；在酒吧打工的時候，也曾遇到猥瑣男人，想要她達成曖昧要求以換取學費……。

那樣辛苦的生活，不曾讓她有放棄的念頭，反倒用自己的努力，換來人生的蛻變。她沒有給自己留退路，因為她認為：「人生沒有假設，**不論做出什麼樣的選擇，現在的選擇都是最好的。**」

她經歷過無數個五點起床寫作的清晨，會在打工餐廳的後臺廚房，一腳蹬著灶臺、一腳抵著地面讀書寫字；會在疲憊下班後的地鐵上堅持看書；更犧牲掉無數個和朋友逛街、唱卡拉ＯＫ的星期六，雷打不動的保持運動、學習調酒，並用攢了兩年的錢去學商科。

周圍很多人都問她：「幹麼這麼辛苦？為什麼不……」她這麼回答：「出國是一條讓人吃盡苦頭的路，走一寸卻有近一寸的歡喜。我們可以做不同的人，但不能放棄成長，我最怕活到最後，自己的特殊性也沒了。」

堅守內心秩序，不因外界干擾而自我質疑，並堅持做自己，保持內心愉悅，這種在為自身夢想買單的路上，所體會到的酸甜苦樂，每一分都是精神的洗禮。

我在青少年時期，很喜歡蹦蹦跳跳唱著〈健康歌〉、〈我愛洗澡〉的臺灣女歌手范曉萱，且買過她的專輯、畫報和書籍，那時我覺得她就是一個小仙女。

不久前，在綜藝節目《奇遇人生》裡，我看到螢幕裡那個滿頭金髮的四十歲「大女孩」，笑起來溫暖的樣子。她和好姐妹阿雅在新疆喀納斯[8]的黃昏與清晨，裹著一條毯子，談青春的過往和人生的方向。

當年她甜美可人的出現在公眾視野裡，當我們都以為這就是范曉萱的時候，她卻用紋身、耳洞、叛逆，向世人宣布她的反抗：**她並不想用虛假的人設，刻劃一個人人都喜歡的自己**，只想做自己喜歡的音樂。

所有人都覺得范曉萱變了，但只有她自己知道，她並不是變了，而是終於做回自己。她用自己沉重的青春去對抗這個世界，在自己愛的音樂裡倔強而執著。

她在日記作品《亂寫》[9]中寫道：

我只是在長大的路上，有了自己所喜歡、所不喜歡、所追求、所放棄的東西，而這些東西結合起來，變成了全世界只有一個的「范曉萱」。

沒有對錯，沒有超越或落後，那只是一個人的喜惡而已，而我的期許，就是舒服而安心的當我的「范曉萱」。

在范曉萱看來，能否得到外界認可，那不是自己得以控制的。對她來說，或許唯一可以控制的事情，就是努力做自己，於是她把四十歲當作新的二十歲，活得坦誠熾熱、平和真實。

認同每個生命階段的自己，永保充盈的力量感，如此走的每一步都算數。

作家蔣勳在〈「淡」是人生最深的滋味〉寫道：

我相信，美是一個自我的循環。美到最後不管你是富貴，或是貧窮，有自我，才有美可言。如果這個自我是為別人而活著，其實感覺都不會美。

8 被喻為「人間仙境」，在蒙古語中意指「美麗而神祕的湖」。
9 二〇〇五年四月出版，記錄范曉萱二〇〇一年至二〇〇三年憂鬱症的康復歷程。

做自己這件事，向來很難，但再難也要堅持下去。不要怕前路有多少艱難險阻，不要怕與全世界為敵，不要怕不符合他人的期許；**要怕，就怕我們總想要成為別人眼中的大多數，卻從沒想過成為自己**。

一個人最好的樣子，就是懂得人生不只一種活法。**這世界上沒有一種生活方式需要被質疑，千萬不要遺憾的變成別人希望你成為的樣子，而是變成你自己喜歡的樣子，過你自己打算過的人生**。

別讓別人左右你的人生，只讓過去影響你的思緒。事實上，任何限制都是從自己的內心開始的，我們真正需要勇敢面對的，是自己的內心。

向陽而生，步履不停。只要愛與陽光都在，就永遠懷揣希望。願大家都擁有一個自己說了算的人生。

3

戒掉總是隨隨便便就放棄的自己

健身五分鐘，「好累呀，堅持不下去了。」是我的口頭禪。

我總是在健身前信誓旦旦的說：「這次我一定要好好堅持，做一個內外兼修的女子。」可是做完一組平板支撐，連一滴汗都還沒流，我便放棄了。

晚飯前，內心堅定的想：「這次一定要少吃點，保持好身材。」晚飯中：「這麼好吃，再多吃幾口，吃飽了才有力氣減肥。」晚飯後：「吃撐了，明天再開始運動吧。」就這樣日復一日的拖延，期待著夏天能穿進去的短褲，等了一個又一個夏天，還是沒機會穿上。

我在問答網站看過一個問題：「你見過最不求上進的人，是什麼樣子？」底下一篇回答這樣說：

我見過最不求上進的人，為現狀焦慮，又沒有毅力踐行決心去改變自己，三分鐘熱度，時常憎惡自己不爭氣，堅持最多的事情就是堅持不下去……尚未擁有百毒不侵的內心，卻提前喪失了熱淚盈眶的能力。

好聽的話我們都會說，但是做起來很難。我們很多時候，都會輕易放棄一件事，放棄無數計畫，即使一個簡單的行動也會放棄。

小A說：「幾年前，我到北京大學第六醫院去看病，懷疑自己人生的失敗是因為抑鬱症、人格分裂或其他毛病。經過五個小時的儀器檢測，和接下來幾個星期與諮商心理師的交談，診斷結果出來了——心理師高興的拍著我的肩膀說：『恭喜，你的精神完全正常，**你人生的失敗是你自己先放棄了自己**。』」

小B說：「一位強者精神崩潰了一下，大家都說，即使是意志力很強的人，看起來很理性，其實內心也是柔軟的，渴望著生活的溫暖。不過，強者可能幾年才崩潰這麼一次，那些弱者，是每天稍微加班就崩潰，有點壓力就受不了，只想過著閒適的生活……。」

那些早早就放棄自己的人，在生活面前總是不堪一擊。

我很喜歡黃渤在電影《廚子．戲子．痞子》裡的造型，頭上的小辮一紮，那一刻我覺得這個角色真帥！

有人評價黃渤是「三無產品」：無身高、無相貌、無肌肉；還有人說：「長得醜，就要多讀書。」可是長得醜的黃渤，小時候的夢想是當歌星。

一九九〇年代初，中專[10]畢業的黃渤南下廣州，與一家唱片公司簽約，想要大顯身手，一展抱負。可是最後他根本沒上過幾次臺，原因就是長得太醜。

眼看簽約唱片公司的路走不通，黃渤就回到家鄉山東青島組建了一個樂隊，叫「藍色風沙」。一見走遍大半個中國，沒有任何迴響，他又隻身來到北京，晚上在酒吧駐唱，白天騎著自行車，四處推銷自己錄製的唱片。

別人紅了，又過氣了，來來往往那麼多回，可黃渤依然什麼都沒做成，這真

10 中等專業學校，是中國一種中等職業教育機構。

應了那句話：「有時候不逼自己一把，不知道事情還可以更糟。」

後來黃渤又回青島，在家人的幫助下，做了皮革廠的小老闆。那時候的黃渤覺得，自己的人生應該就那樣過下去了吧。

然而一九九七年，亞洲金融風暴到來，黃渤的皮革廠隨之倒閉，他的人生又回到起點。後來在朋友高虎的推薦下，黃渤參演了電影《上車，走吧》。

有了第一次經驗，黃渤索性準備在這一行發展。年近三十歲的他，報考了北京電影學院表演專業，只是前兩年他都失敗了，到了第三年終於考上。

剛開始，黃渤的演藝生涯並沒有什麼起色，有的作品甚至連臺詞都沒有，觀眾根本記不住他這個演員。

後來，黃渤透過自己的努力，一步一步被觀眾認可。他在拍《鬥牛》時，造型極髒，牽著一頭牛在山上來來回回奔跑，鞋子都跑爛了十幾雙，甚至於累到嘔吐；最後片子殺青的時候，黃渤在車上大哭——原來，**一切真的都會過去**。

如今，我們能看到閃閃發光的黃渤，是因為他每時每刻都不放棄自己——有一種光芒，是冒險與折騰來的。輸了有什麼了不起？大不了從頭再來。

不隨隨便便放棄，首先你要學會獨立和自信。

當一個人有獨立的人生價值觀，他便願意去嘗試人生中那些未知和挑戰；當一個人擁有更多自信，他也會更勇敢的堅持下去。從小到大，我們很常聽到這幾個字：「堅持就是勝利」，**一旦懂得堅持的力量，就有更多支配人生的欲望**。

每一段路程，你都必須學會接受孤獨。

我之前看過一則新聞：

一個俄羅斯女孩，從小到大都是不折不扣的胖妹，被別人取笑過，被壞小孩欺負過；她不敢穿美美的裙子，甚至連走路都不敢挺胸抬頭，面對自己喜歡的人，暗戀就是最勇敢的事。

那個女孩身邊一個朋友也沒有，只能默默看書，每天放學回家都會大哭，不想上學也不想社交。畢業舞會上，沒人願意和她說話，或者邀她跳舞。

終於，她下定決心改變自己，不但戒掉垃圾食品，還聯繫專業的營養師給予建議，從此健康飲食，並且游泳、跑步、健身……各種鍛鍊。女孩除了運動之外很少出門，這樣的生活她過了整整三年。

現在的她，彷彿回到了世界舞臺的中心，以前奚落過她的人也紛紛讚揚她。

由此可證，她在自己人生變得更糟糕之前，漂亮的逆襲了。

我們的人生只有短短幾十年，此刻若是輕易放棄，都會成為今後虛度光陰的見證。

4

你一個人的勇敢，勝過千軍萬馬

戴上耳機聽歌，聽到SHE的〈你曾是少年〉：

許多年前，你有一雙清澈的雙眼，奔跑起來，像是一道春天的閃電，想看遍這世界，去最遙遠的遠方。

我們就這樣在時光的火車站不停出發、前行，到站、出發……我們總是很容易被時光所困擾，也曾羨慕山南海北的風。我們的心啊，總是想著詩和遠方，流連於廣袤無際的海面，和那片我們用心種植的森林，聽得到微風輕響，舞步輕揚。

所以當有人跟我說：「我感覺自己老了，真懷念學生時期的自己」或「世上無難事，只要肯放棄」，我總會想起那隻被稱為「豬堅強」[11]的豬。在地震中，這隻豬在廢墟中靠吃木炭、飲雨水，存活了三十六天，且最終獲救。

豬都堅強，我們為什麼不能勇敢一些？

誰沒經歷過那些人生低谷呢？一個女孩說，在北京漂著，有時候會突然想要放棄，老家的哥哥對她說：「回來吧，妳心浮躁了，妳忘了妳是誰。天安門和妳有關係嗎？妳旁邊的萬達廣場[12]和妳有關係嗎？妳以後在那永遠沒有家，妳只是看到了北京的幻想。」

她每天天還黑著，就坐幾個小時的地鐵去上班，晚上很晚才到家，可能除了週末，從未見過白天是什麼樣子……。

這個城市是怎樣的繁華，或許我們從未真正見過。

但是，在我們的雙眼還沒見識到更大的世界之前，請再堅持一下。

我想起美國歌舞浪漫電影《樂來越愛你》（*La La Land*）。它首先是封情書，寫給洛杉磯，也寫給所有我們熱愛並生活、奮鬥在其中的大城市。

電影男主角是個窮困潦倒的音樂人，在最落魄之時，不僅買不起汽車保險，連給公寓換門鎖的錢都出不起，而他最大的夢想，是有朝一日開一家爵士酒吧。

女主角則是一個長相平平、沒有人脈、接不到戲的新人女演員，平時為了維持生計，在咖啡館工作。她一次次去試鏡，又一次次被毫不留情的刷下去，有時甚至剛開始說兩個字就被叫停。最絕望的時候，她甚至失去了再去試鏡的勇氣。

後來男女主角戀愛了，兩人一起去男主角喜歡的爵士酒吧跳舞。他會在咖啡館等她下班，所有的幸福來得豐盈、充實。

後來，他們都獲得了他們想要的成功，可是為了那份成功，他們又都付出了愛情的代價。所以，有人說這部電影也是一封告別信，寫給人生中所有遺憾、所有

11 二〇〇八年汶川大地震，一隻母豬受困廢墟下三十六天，其間憑藉吃黑木炭、飲雨水保持生命，最後被成都軍區某飛行學院的戰士挖出來，獲名豬堅強。後來建川博物館買下豬堅強，並表示牠會在博物館的悉心照料下度過餘生。

12 由中國企業萬達集團在中國投資興建的一系列綜合商業地產，集社交、娛樂、美食、零售功能於一體。截至二〇一九年十一月二十九日，全中國已開業萬達廣場三百座。

不完美、所有不得不放棄和無奈錯過的人。

夢想和愛，是我們生活中永恆的主題。

朋友L最近升職加薪，她終於努力到自己一直想要的那個崗位。高中時她父母離異，大學期間她就開始邊讀書邊打工，我們都說她是獨立小超人。雖然她也常在社群動態上晒出美美的照片，可是我知道，她的每一步都走得很辛苦。

有一天她和我聊天，她說：

「凌晨五點，火車駛入車站，我拖著疲憊的身軀和一顆幾近破碎的心，隨著人流出站，任雨點打在我身上……我不爭氣的爸爸病了，而我度過了人生中最漫長的三天三夜。爸爸沒有責任心、沒有老婆、沒有工作、沒有積蓄，只有一屁股債。

「三十而立的我，婚姻生活並不是那麼幸福，在家帶了兩年多孩子，剛出來工作，一切都沒有步入正軌；老公不細心也不關心人，所有家裡家外的壓力讓我倍感無助。而我又不得不告訴自己，**理清思緒，一件一件來**，外部的任何干擾只會讓我更堅強。」

千難萬險的路上，我們都曾以為自己孤身一人，但其實濃烈的陽光下襯著的，是一樣不曾放棄前行的心。你要**相信努力可以帶來好運氣，相信用心可以交到真感情，深信善良是個好東西**。

雖然有時候，我們總是容易迷茫和焦躁，心裡頭卻想要一鼓作氣向前努力，可實際上總是再而衰，三而竭。與其如此，不如用心承受，因為生活壞到一定程度便無法再壞，一定會越來越好。

其實幸福很簡單，只是它的樣子很多。

有個女生，在好幾個月的時間裡，只要看到一些很值得開心的畫面，她都把當下那個幸福的樣子記錄下來——

在車門關上之前最後一秒上車是幸福的；永遠不坐過站是幸福的；不加班是幸福的；不因為別人工作進度落後而加班是幸福的；幾天不吃肉後突然吃到肉是幸福的；一個人吃完一包洋芋片是幸福的；和喜歡的人吃完一包洋芋片，也是幸福的；能自己慢悠悠的做一頓飯又不怕浪費時間，是幸福的；有人幫自己做好吃的飯，也是幸福的。

在交通尖峰時段上了地鐵，發現還有空位是幸福的；看見走路不穩的老人上了車後有人讓座，也是幸福的；在上學的公車上和媽媽一起玩剪刀石頭布，是幸福的；可以買到便宜好吃的早餐也是幸福的；明明覺得自己擠不上公車，卻被身後的人推著擠上了車，有時候也是很幸福的；地鐵上累了，身邊有一個肩膀可以靠著是幸福的；看見祖孫兩人一起玩消消樂是幸福的。

世界只有一個，就是此刻壓迫著你的這個，你也只在這一分鐘活著，就是此刻這一分鐘；而唯一的生命之道，就是接納每一分鐘，視之為獨一無二的奇蹟。

真正的成功，是在你的淚水和汗水融合之下，你內心最堅強的地方；你就是你自己，哪怕在最初、最累的時候，哪怕在最光鮮、最耀眼的地方。

你一個人的勇敢，勝過千軍萬馬。

時光總是會給我們獎勵，給我們很多故事，那些故事像是人生這本書上的插畫，渲染了我們所有美麗。

我們必須承認，努力的過程真的很辛苦，並非所有幸福的終點都是安靜的。這就像一場馬拉松，可能過程很累、很累，你感覺自己快放棄了，但是你周圍有鼓勵、有掌聲、有你的意志，所以你一定會堅持到最後，就算在衝刺的那一刻，腿已經沉得邁不動腳步，但你心裡有個聲音告訴你：抵達終點，就是最大的爆發。

雖然有時候你覺得自己平凡得像是一粒微塵，覺得除了年少輕狂一無所有，但其實你自己就是上天最好的作品。

這時候，懂得取悅自己比什麼都重要。那些面對生離死別、身處潦倒之時的人們，請你咬牙堅持一下。生命中，這些時刻會因為你的堅強，變得更有意義。

臺灣漫畫家朱德庸說：「看清楚這個世界，並不能讓這個世界變得更好；但可能讓你在**看清楚這個世界是個怎樣的世界後，把你自己變得比較好。**」

我們都得一步一步成為更好的自己，就像是一個臺階一個臺階的往上走，總會走到你想要看到的風景前。

不要總做別人生活的觀望者，你自己就是最好的風景。請你和陽光一起，變得讓人著迷。

5

迷茫不過是你想要太多，準備太少

有個女生說：

「我一直以為我奶奶是個普通的退休主婦，每天操持家務，寵愛兒孫，勤儉持家。奶奶今年八十多歲了，個子不高、皮膚黝黑、穿著樸素，和菜市場賣菜的老奶奶外表無異，平時去飯店和商場之類的高檔消費場所，常會遭受到勢利服務生的白眼。

「後來，我偶然在CCTV（中國中央電視臺）某臺紀錄片中看到，奶奶退休前竟然是導彈專家，負責各種地對空、空對空導彈的研發和試驗！奶奶以前沒有對任何人說過這段往事，家裡人也以為她做的是簡單的文職工作，最近幾年保密期過了，她老人家才透露給我們知道。」

這讓我想起網路上一個帖子：江湖臥虎藏龍，你永遠不知道你身邊陌生人的能量有多大。

A說：「有次深夜搭車，司機趁夜色找了一張假鈔給我，我只摸了一下就扔回去給他，說：『哥兒們，我當過兩年銀行行員。』」

B說：「在健身房練手臂的時候，一個私人教練來推銷課程，問我：『你知道手臂有哪些肌肉嗎？』我說我知道，然後把它們的名字報了一遍。教練說：『你也是搞健身的嗎？』我說：『差不多吧，我在骨科工作。』」

C說：「我有個動物學老師有次吃烤魚，點的是青魚，上來一看不對，明明是草魚，便找老闆對質。老闆當然不認，我老師就說：『你知道我是做什麼的嗎？我是研究動物的，你看這個，』他邊說邊挑出一塊骨頭，『這個叫咽頭齒，草魚吃草的，咽頭齒就像是梳子一樣；青魚則吃螺螄，咽頭齒像個磨子。』然後老闆就算老師免費了……。」

難怪有人會說，知識就是力量，**你低調的資本，使你可以隨時高調起來。**

美國著名理財規畫師湯瑪斯・寇里（Thomas C. Corley）花了五年時間，研究一百七十七位白手起家的百萬富翁，他們有何日常習慣。

結果發現，這些百萬富翁經常閱讀、堅持鍛鍊、結識其他成功人士、追求自己的目標、堅持早起，有積極的人生態度；另外，他們不從眾、幫助其他人成功、尋求回饋。

有鑑於眼前的情況不斷變化，所以我們必須不斷進步，學會不斷思考。

在進步這條路上，我總會想起薇冉。她是名相貌平庸的全職媽媽，在生了兩個孩子之後，身材嚴重走樣，不僅越來越胖，皮膚也越來越差，外加沒有工作，婚姻更是走到盡頭。雖然薇冉只有三十五歲，但生活對她來說，真是乏善可陳到讓人絕望。

三十六歲這一年，她成為一個大齡單身女子，也在這一年，她開始自學英語，笨拙的她總是一個單字一個單字的背，不敢大聲練習口語，感覺毫無起色。

可是她心裡一直有個聲音：「**再不給自己一次重新開始的機會，就老了。**」

所以她咬牙繼續自學，慢慢的，一切都變了……她可以簡單的和別人對話，可以熟練運用語法、句式，而且不知何時開始，她竟然可以和陌生的外國人流暢交談。如此這般，兩年過去了，她的狀態像年輕了十歲。

當她穿著正裝，重新走上工作舞臺時，她覺得自己再也不是過去那個消沉的家庭主婦了。而她不斷努力的結果，就是收穫自信，收穫一個嶄新的自己。

真正的終身教育，就是讓你成為最好的自己。我們之所以不停止學習，是希望人生在世有更多自由和可能——不斷成長，才是對平庸生活最好的讚賞。

有時候，**迷茫不過是我們想要的太多，而儲備的又太少**。

一個人一輩子，就是一個持續提升自己的過程，你要開發自己的無限潛能，更好的認識這個世界，還要不斷學習。讀書、旅行、豐富自己，不需要刻意，只需要堅持，而你做的每件事，都會讓你領悟到：豐富自己，比取悅他人更有力量。

不要羨慕別人取得怎樣的成就，也不要感嘆自己的卑微。在為別人鼓掌的時候，也請為自己鼓掌，給自己一些力量和自信，說不定低調的你，也會因為這些儲備知識變得高調起來。

6

勇敢是為了一次成功，不怕丟臉九十九次

我在網路平臺上看到周翠華（馬克媽媽）的健身故事。

她是一個生了四胎、已經年過四十歲的媽媽，可看到照片裡的她，哪裡像四十歲？更像是二十歲的樣子。

然而，過去的周翠華是個身高一百六十三公分、體重八十五公斤的胖大嬸。由於身為一本寵物雜誌的插畫師和編輯，久坐的工作性質加上本身的易胖體質，讓她在懷大兒子的時候，曾一度胖到九十公斤。三十五歲時，她懷上了老四，體重也保持在八十五公斤。

回憶起那個時候，她感覺自己連走路都有困難，就像是身體某處壞掉了。直到有一天，去餐廳吃飯的周翠華發現，自己根本就卡不進座位，從那一刻起，她便

下定決心減肥，想要改變自己。

因為體重實在太重了，她決定先從減脂開始。首先，她準備了一本日記本來記錄體重，並且找出體重增加的原因。控制飲食固然痛苦，但效果立竿見影，很快她就發現她變得輕盈了。

接著她開始運動，先從有氧快走開始，每天堅持三十分鐘，然後嘗試慢跑，讓身體一點一點適應。終於，她用了五個月的時間，減掉二十一公斤肥肉，好看的外貌和身材都回來了。作為四個孩子的媽媽，她從來沒有拿孩子當藉口，甚至鼓勵孩子和自己一起運動。

現在的周翠華，仍然是雜誌的編輯、插畫師，但也有人找她拍廣告、做代言。這一切，都是因為她當初決定要改變自己，並且堅持了下來。

有人說，你們不要懷疑，這就是個看臉的時代，你要時刻提醒自己要一輩子好看，從修煉自己的外表開始，到修煉自己的內在，這樣的人永遠有人愛。

但，這並不是說胖就沒人愛，正確來說，變好看和經營自己是一種「態度」。

這讓我想起化妝師朋友Kerry，她說她出生時約四公斤左右，小學畢業的時候八十公斤，國中畢業的時候九十公斤。同學常拿她的體重打趣道：「壞人來了不要緊，把Kerry扔出去就行。」說完這句話，她哈哈大笑：「沒辦法，我的身材就是別人的笑料。」

後來，她最胖的時候有一百一十五公斤，最瘦時只有四十九公斤。她表示自己的體重雖有變化，但不變的，是對生活熱情不減的內心。

從小，Kerry不太會讀書，覺得自己沒什麼過人之處，唯獨在化妝這件事上被很多朋友認可。漸漸的，她和朋友分享得多了，很多朋友都願意向她諮詢化妝的細節，於是她開了自己的美妝小欄目。

她的朋友說：「胖子也可以很美，妳的氣質提升了妳的內在自信。」

Kerry則認為：「可能有人覺得我不美，太胖了，非常油膩，那證明我不是他喜歡的類型，而我也不會要求對方說，你不能看我的外表，只能看我的內心。其實我也是個看外表的人，所以以前才不斷減肥，不斷復胖。現在的我其實也有在減肥，但不會像之前那麼急功近利，因為現在的高興不取決於別人，關鍵是永遠保持一顆對生活熱情不減的心。」

有人說，我們哪有那麼多時間去好好經營自己？我們忙得很！是的，我們很忙，把寶貴的時間都獻給了工作。有時候，我們不懂得善待自己，總捨不得買貴的化妝品，寧可穿著廉價的連身裙，放縱自己的體重。但是，我們要在變老之前，做些有趣的事。

臺灣女演員陳意涵三十歲生日的時候，和閨密張鈞甯一起到海裡裸泳、紮辮子、全世界倒立……做了許多突破自己的事。

陳意涵在微博發過一篇文：

勇敢是什麼？對我來說，敢奮不顧身的去愛、去流汗，敢被討厭，敢接受事實，敢一個人很快活，敢兩個人不怕受傷，敢毫不猶豫的起床，敢說到做到，敢冬天洗冷水澡……好多好多，但真正我最堅持的，還是要有被愛和被拋棄的勇氣。

而張鈞甯參加《跟著貝爾去冒險》[13]，攀岩、跳湖、吃蟲子、吃老鼠……只有你想不到的，沒有她不敢做的。她說：「即使一百次裡面，只能看到一次不一樣的自己，那這一次就可以抵消你九十九次的丟臉，而這一百次都是值得的。」

張鈞甯去南極、到西藏，還有一個待做清單，促使她前往世界各地，上天入海，不停完成自己想做的事——人生只有一次，她要經歷不一樣的冒險。

這樣的獨立，需要時光和歲月的努力積累而成。要知道，我們的人生需要不斷圓滿，所以即使你現在還沒有變得那麼好，也請在前行的路上，不斷努力。

願你懂得經營好自己，優雅又從容，**不論年齡多少，都有執著變好的瘋狂與勇氣**，如此做自己想做的事，看自己想看的風景；並且對得起時間，對得起自己。

一位年過四十歲的女人說：「我修飾自己的弱點，最大限度的顯露自己的優點，那是我的修養，不是我害怕面對真實的自己，我不會因為沒有一張面具遮擋就覺得羞於見人。失掉了年輕優勢的我，終於突破年齡施加給我的束縛，認認真真活在現在的光陰裡，享受這一刻所有的我。」

時間走得很快，要知道，當你經營好自己，你以為那些跨不過去的坎、不曾受到的注目，都會在那裡等著你，不若過去那般難以克服。

所以，請你為了自己再勇敢一點，感受風雨，也釀造花香。人生有那麼多美好，用心而活，**最終你的眼裡眉間，都會變成你喜歡的模樣**。

如果歲月有耳，你所有的改變，它都聽得見。

13 亞洲自然探索類紀實真人秀，於二〇一五年十月十六日首播，由英國探險家貝爾・吉羅斯（Bear Grylls）帶領多位藝人荒野求生。

7 別再問準備好了嗎，要問你願意開始嗎？

我和黑豆豆相約去附近的小咖啡館喝下午茶。等黑豆豆急急忙忙的來了，她第一句話就是：「見面好累，還得洗頭，以後不要見面了。」然後哈哈大笑。

我看著眼前身著淑女裙、腳踩小高跟的黑豆豆，突然想起五年前剛認識她的場景——那時黑豆豆是報社的實習記者，和我討論一個新的選題。

只見她穿著大馬丁靴，小碎花襯衫配著運動褲；不僅劉海太短，而且頭髮明顯出油，一縷一縷的，層次分明。見到我之後，她尷尬的撓了撓頭說：「剛換了一個新髮型……總是這樣，剪之前想換髮型，剪之後想換臉，每次理髮，理髮師都給我一種新的醜法……。」

我向她打趣道：「妳這整身行頭看起來很與眾不同。」她便笑得前仰後合，說：「妳是說我清新脫俗吧，哈哈！」連她的笑聲都充滿了大蒜的味道。

聊了一會兒，她說，感覺自己每一天都過得亂七八糟——每天沒有計畫，房間像是貨倉現場，找衣服都是用手到處挖，挖出哪件就穿哪件；飲食也不規律，經常到處跑新聞，隨身攜帶的都是餅乾和麵包，吃得臉都快和麵包一個樣了；頭髮經常沒洗，因為她要節省時間，用更多時間去跑新聞。

那時黑豆豆的生活理念是：現在生活的「忙亂差」，都是為了今後的錦衣玉食。至於促使她改變的，是她工作第三年發生的兩件事。

第一件是她去採訪一名書法大家。在她的印象中，書法家以男士居多，而那天她見到的是一名女書法家。

當時，她們安排在一間茶室訪談。初見到女書法家，黑豆豆就被她的氣質所吸引。這位女書法家身著旗袍，旗袍顏色並不豔麗，但是在領口和袖口都做了細緻的處理，配上精緻的淡妝、簡單的盤髮，整體優雅莊重，好像還未開口說話，整個人的氣質便展示出其生活狀態。

黑豆豆看了看自己，好像除了幹練之外，沒有任何亮點，而且「幹練」也是她自己總結的：「幹勁十足也得備受磨練」。

那天採訪結束後，女書法家告訴她，**生活不會等我們都準備好才能好好過**，計畫永遠趕不上變化，所以要把每一天都過成理想的生活。

第二件是家人安排黑豆豆去相親，黑豆豆覺得自己也到了戀愛年齡，還特地打扮一番去赴約。這次相親對象斯斯文文的，見到黑豆豆的第一面並無反感。

可是第二次約會時，黑豆豆遲到了，當她急匆匆的趕到約會地點，那位相親對象正在打電話，她因此無意間聽到他和朋友的對話：「那個女生樣子還行，但服裝搭配太沒品味了，而且**除了工作，好像沒有其他興趣愛好**。我覺得她很無趣，今天來和她說清楚好了。」

聞言，黑豆豆忍住眼淚，默默的從旋轉門走了出來……雖然出旋轉門只需要走幾步，她卻覺得自己走了幾千公尺。

她沒有怪對方太直接，也沒有大吼大叫發洩情緒，只是突然平靜下來，認真回想起自己每天的生活狀態——好像除了工作和吃飯，其他時間都用來重複，真應了那句話：吃飯是為了活著，活著就是為了吃飯。

她原本想用幾年的苦日子，去換光鮮亮麗的人生。可是，她現在改變的除了年齡，其他好像沒有任何進展。

那一刻，黑豆豆決定改變，於是制訂了詳細的計畫。

她首先改掉睡懶覺的習慣，每天六點起床，半小時健身，半小時閱讀，七點吃完早餐去上班。晚上忙碌完回家，自己學習烹飪，做簡單的飯菜，然後敷面膜、學服裝搭配，週末看電影、健身，和朋友一起出去玩。

兩年後，當黑豆豆拿到他們組裡的「先進記者」稱號，站在領獎臺發言的時候，她說這幾年最要感謝的，是生活教會她如何珍惜和分享生命中的好時光。

如今，作為「奔三少女」的她，已經能夠踩著十公分的高跟鞋健步如飛，一口氣做兩百個仰臥起坐仍面不改色。她對服裝搭配也越來越得心應手，整個人像是重新發芽的小樹苗。

另外，她也學會了收納和整理，不再每天亂糟糟——現在收拾好的不僅僅是自己，還有心情。所以說，過好每一天，都是有用的。

一個人如果把生活過得紛亂無比，又不肯改變，只在原地抱怨，那都是徒勞。

哪有什麼歲月靜好？**現實都是大江大河，所謂歲月靜好，不過是麻痺自己的藉口。**

可正因為沒有那麼多歲月靜好，我們才更應該努力的把每一天都過好。

勵志短片《你永遠也不會準備好》這麼說：

「在你的害怕中堅持得越多，你就會發現越多的自由。你需要思考和行動起來，就像是力挽狂瀾者，那意味著更新你的大腦，用最好的書籍、最好的想法、最好的對話，用大多數人不去做的行為方式。

「關上電視、清除那些否定者，停止八卦、開始創造。當你把膽量記錄下來，你變成了一個創作者……到生命的最後一刻，你不會後悔失敗，只會後悔自己未去做的事。

「**別再問你自己：『你是否準備好了？』因為你沒有；開始問自己：『你願意嗎？』你願意開始工作嗎？**你願意活在爛泥中嗎？你願意放棄那些你曾認為很重要的東西，只為了那一件你真正熱愛的事情嗎？」

當你懂得尊重生活，認真經營好自己和生活，你會發現你美好的心境，能夠還原生活最美好的樣子。

就像中國作家慶山[14]在《春宴》所寫：

人尊重自然和天地，心有敬畏。有了敬畏，就有了恭順、謙遜、溫柔和克制。也許物質不算發達，但人所能得到的情感和愉悅的源頭，就像一條浩蕩大河，源源不斷，穩定端莊。

讓我們將人生這一路山水，統統收納眼底。

---

14 最初發表作品時，筆名為安妮寶貝，後於二〇一四年六月十六日，在微博上宣布改筆名為慶山。

第三章

行走江湖，帶刺的善良會更好

1 不公平是好事，它會讓你更努力

珊瑚在二十五歲時寫過一篇日誌：

二十八歲前，考過CPA（美國會計師）證照，獨居單身，從事財務工作，開一間小書店。

有一間屬於自己的房子，十六、七坪即可，臥室陽臺種著向日葵，有巨大的落地窗，圓床溫暖，床邊有高到天花板的大書櫃，書隨時可拿。牆上是自己的畫、海報還有照片，枕邊耳機、眼鏡、紙巾、耳塞、眼罩、夾子、鏡子、手機，都是一手能搆到的狀態。冰箱裡塞滿了牛奶、棒棒冰、芝麻糊、火龍果……。

如今，二十八歲的她，每日清早鬧鐘一響，睡眼惺忪摸了手機就起床，被子懶得摺；租住在一間九坪的小房子裡，有一張折疊床、一個二手小冰箱，冰箱裡面是快要過期的牛奶和泡麵，還有兩顆奇異果。

這種生活和她之前幻想的有異曲同工之妙，異的是好像處處相同卻又不同，妙的是曲折太多。

之前幻想的白天是完美得體的白領形象，幹練穩重，在職場披荊斬棘、勇猛無敵；晚上，回家自己洗手做羹湯，或是出門找樂子。

現實是：白天被職場的鉤心鬥角和工作壓力壓得喘不過氣，像是在霧霾中呼吸的植物，耷拉著身軀，反倒成了勇猛的殺蟲劑。晚上加班時，隨意吃口飯；如果不加班，就癱在租屋處的小床上玩手機，**累到甚至懶得呼吸，廁所馬桶的沖水聲成了屋子裡最大的動靜**。

曾經想著泡在浴缸裡和閨密講電話，敷個面膜，做做運動，在書桌前看書；如今變成和父母通話，變成了隱忍的委屈。之前想著睡前泡一杯牛奶，放在床頭櫃上，手裡捧著自己心愛的書，窩著看一會兒，然後慢慢睡著；現實是工作了一整天，穿著正裝、高跟鞋，腳底早已疼得顧不上看書……。

那樣浪漫的情節，真的只是想像啊，每天睡前都在準備隔天的工作計畫，泡牛奶的時間簡直成了奢侈。而且如果你腦海裡想像第二天老闆的臉，像是奶牛一樣嗤著大鼻孔，你根本就喝不下牛奶。

雖然生活亂糟糟，但珊瑚會趁著週末把小屋收拾一下，認真去看一本書，還會在手機裡放自己喜歡的音樂，在小屋裡弄點香薰，使整個空間彌漫著清茶淡淡的香味，陽光灑進，安逸而溫暖。

她就紮個馬尾、素面朝天，再穿著便宜的大件T恤，光溜著腳在家裡的地板上聽音樂。

工作六年後，三十一歲的珊瑚終於存到了買小房的頭期款。看好房子，準備搬家的前一天，她看了看自己這幾年生活的地方，既充滿了心酸，卻又充滿幸福。週末，她會背著大大的雙肩包，去郊外一家收留流浪狗的愛心之家送飼料；這一年，她也去了西藏，看見最純淨的天空和流雲，看到一路叩拜的虔誠老人。

她想起之前自己生活的那幾年，那種來自很多人眼裡的輕視，不需要對你破口大罵，不需要對你嗤之以鼻，不需要對你置若罔聞，只要一個很小的舉動、一句很隨便的話，便足以將人的自信打至谷底。

舉例來說，珊瑚所在的廣告公司，每次分組，她都是最後一個找到組別的；每一次分配任務，她都負責整理簡報；每次演講，她不是只講開頭那句「大家早安」，就是只講最後那句「謝謝大家」。

有人說，一事無成的人，沒有真正的歲月靜好，實力決定一切。

要被人看得起，就要有別人沒有的實力，這種實力，包括「承受得起這種輕視」。不要去恨別人，不要自個兒坐著掉眼淚，很多時候，**當你站在別人的立場，發現你也許會做同樣的事情，那就釋然了**。

珊瑚已經記不清楚，她一個文科小妹，熬了多少個夜晚才考過專業級證書；她已經記不清楚，在她趕著把報告寫完、偏偏電腦壞了，而她得在一天之內把幾十頁的東西重寫完畢時，她是怎麼挺過來的。

多少次，她拿起電話打給爸媽，卻什麼都說不出，只能撕心裂肺的哭；多少次，她受盡冷眼，還必須一笑而過。對此，珊瑚說：「我的夢想，不能忘。」

有人說，你以為自己是《少年維特的煩惱》（*Die Leiden des jungen Werthers*）的主角啊？維特的煩惱之所以迷人，那是因為人家名字前還有「少年」兩個字。你要是混到中年，住不起房，開不起車，沒有說走就走的魄力和資金，還天天對著現實無病呻吟，誰會去聆聽你那淡淡的憂傷、深深的迷茫？

還記得我在手機裡，看到《中國好聲音》出身的吳莫愁演講，當年那個齊劉海、大紅脣的女生，如今變成了另一副樣子。

作為一名九〇後女歌手，別人說吳莫愁醜出了品味，醜出了自信，醜出了世界。甚至有媒體評選出亞洲最醜的二十名明星，她「力壓群雄」獲得了亞洲最醜第一名。吳莫愁對此表示，完美的父母生下了並不完美的她，讓她懂得為不完美的人生去努力奮鬥。

她誇張的造型和獨特的音樂，讓她一夜爆紅，超乎常人的工作量也隨之而來。面對雜誌、廣告，甚至一天飛三個城市，以及那些迎面而來的批評和謾罵，她曾經因音樂而驕傲的自信，完全不見了。在精神和身體雙重疲憊的情況下，她迷失在那些攻擊性的文字裡，既不敢看手機，也不敢看評論……突然之間，她懼怕登上舞臺——她知道了她的心病，但是也知道，只有自己能幫自己。

如今，她剪去壓了自己三年的長直髮和齊劉海，換成自己從小就很喜歡的短髮，喜歡怎樣就怎樣；重要的是，她重新找回過去那種自信，怪也好，醜也罷，這都是自己的風格，**不做第一，只做唯一**。

歌手薛之謙說：「小時候我會覺得這個世界很不公平，後來我發現這世界就是不公平，但**不公平是好事，它會讓你更努力**。」因為這些不公平，我們努力變成自己喜歡的樣子；因為那些一地狼藉的生活，我們更珍惜此時的歲月靜好。

哪怕是多年以後，我們依舊在為菜市場的菜價斤斤計較，但是也不能忘了，我們曾努力前行，不願被他人小看。之後你會發現，你放下筷子說話的時候，別人不敢夾菜；在KTV點歌之後，別人不敢一直插歌到你前面；輪你夾菜時，別人會主動按住桌子；打牌的時候，你不用故意輸……。

生活再艱難，只要心有夢想，全世界都會為你鼓掌。活著不是靠淚水博得同情，而是靠汗水贏得掌聲。

2

既然認準了一條路，又何必打聽要走多久

三年前，烏蘭牧騎[15]演出團歸到了我們機關單位，演出團裡好多人都是吹拉彈唱、舞蹈、主持、演出，樣樣精通。以前我老是覺得那些多才多藝的人，大部分都不食人間煙火。剛見到他們的時候，我依舊那樣覺得。

開會時，我總會看到這些在舞臺上閃閃發光的人，其實在生活中也很光彩動人，他們的衣著品味和那種自帶的氣場，真的很強大。最初，我覺得他們的生活相當豐富，而且活得好光彩；後來接觸多了，我才知道他們在臺下付出了多少努力。

為了準備一場演出，他們反覆排練很多遍，每一個表情、每一句唱詞、每一個手勢，都必須精準到位，而且遇到大型演出人員不夠的時候，一個人往往要扮演很多角色。

我記得某年夏天有一場大型演出，整場演出持續四個小時，只見他們一會兒是伴舞、一會兒是歌手、一會兒是小品演員、一會兒是搬道具的工作人員，也可以是人肉背景。

演出結束後，我問他們團裡最年輕的姑娘：「你們經常這麼辛苦嗎？」她笑了笑，說：「是啊，**我們常遇到，已經不覺得辛苦了**。」後來，她在演出途中不小心扭傷了腳，可是在接下來的表演中，她依舊咬著牙堅持上場。

小姑娘說：「能成為一名好的舞蹈演員，一直是我的夢想。雖然有的時候，觀眾無法理解我們編排舞蹈的意義，但站在舞臺的那一瞬間，我就知道，這是我願意一直堅持下去的一條路。

15 中國內蒙古的一種文藝宣傳組織，主要職能包括：歌舞說唱、宣傳中國共產黨的政策、輔導文藝活動，和提供照相、修理、醫療等服務。進入二十一世紀，烏蘭牧騎已幾乎成為所有表演蒙古族歌舞團體的稱謂。

「我們也會下鄉演出，有時候連續好幾天都要睡帳篷，吃也只能吃速食，甚至沒時間吃飯，導致很多人都患了胃病。這樣子苦歸苦，但在演出過程中也最快樂。」原來，我腦海中那群不食人間煙火的人，恰恰是最接近大眾的一群。

他們團裡有一位年齡稍大的大哥，四十多歲，我們一起下鄉去農家書屋[16]的時候，他因為嚴重的腰椎間盤突出，所以腰上都戴著厚厚的護具。

據他所說，他年輕時的合作舞伴有的很有分量，但雙人舞難免有要把對方舉起來的時候，所以他總是用盡洪荒之力，在表演時舉來舉去，然後腰就越來越疼，受到重創。

到了四十幾歲，他因為腰傷再也不能跳舞了，但他依舊沒有放棄舞臺，而是男扮女裝，扮演起了小腳老太太。拜舞蹈功底所賜，他在扮演老太太時，動作表情都很到位，每次演出都能贏得觀眾的掌聲。

另外，團裡還有一位個子不太高的聲樂老師，吹拉彈唱，各種樂器都精通，且有自己的工作室。每個週末，他都自願教那些喜歡音樂的青年志願者唱歌，帶領他們去育幼院、養老院演出，不收取任何費用。他說，能用自己的特長讓更多人感受到快樂，本身就是一件特別快樂的事情。

的確，在人生這條路途中，我們總是會選擇一條自己喜歡的路走下去，雖有荊棘，但你的夢想會讓你有驚人的力量，帶著我們勇敢堅持下去。

當我們看到那些光彩熠熠、能從容應對人生的人，不要只看到他們當時的光鮮，更要懂得他們背後的付出。**他們的夢想，都是汗水澆灌出來的花朵**。

我一直很喜歡周星馳的電影。

周星馳的童年清貧、無趣；單親媽媽帶著三個孩子，生活艱難。長大後，周星馳和梁朝偉成為好友，一起去考TVB（電視廣播有限公司）的藝員訓練班。結果梁朝偉一次就中，周星馳考了兩次才得償所願。為了面試，周星馳甚至穿了高

---

16 為滿足農民文化需要而建立的公益性服務設施，由農民自己管理，能提供實用的書報刊和影音電子產品。

跟鞋，因為一百七十三公分的他，距離標準的一百七十五公分還差兩公分。

周星馳說：「那個時候，人們對明星的概念，就是像周潤發一樣的猛男，像我這樣的人出現在影視螢幕上，根本不可能。」

他固然想演戲，無奈擺在他面前的工作是主持人。雖然主持效果非常糟糕，既無趣又尷尬，但這份工作他也是從二十歲做到二十六歲，一路做了六年。那時梁朝偉已經嶄露頭角，而周星馳只是在**各種電視劇中跑跑龍套，甚至試圖把屍體演出層次感**。誰會想到多年後，他演了那麼多讓觀眾永遠記住的角色，還做了導演。

你如何看待自己，還有如何穿過一條道路，又試圖通向哪裡，這是永久的命題。**唯有堅持，才能不辜負自己**。

有時候，最難堅持的地方，是我們付出的決心。

羨慕別人擁有好聽的聲音和自信滿滿的狀態？或許你不曾看到他們在臺下一字一句的練習發音，甚至氣息和停頓都要練習千遍。

羨慕別人擁有好身材和好看的微笑？或許你不曾看到他們在控制飲食和運動時的煎熬。

羨慕別人擁有更好的一切？或許你不曾看到他們在擁有這些之前，所付出的那些汗水和犧牲。

我很喜歡一段話：「大概從懂事起，我們就註定要辛苦了。不過，這不是悲哀，而是幸運。幸好我們**在這個世界上還追求著什麼**，也幸虧我們還心有所屬。仔細想想，無論什麼時候，能**讓我們化癱瘓為力量的**，大概也就是這些了。」

那些潔淨的夢想，為我們點亮一盞溫和的燈，永生不滅，指引我們找到通往未來的路。如果選擇了一條自己喜歡的路，那麼就請義無反顧的走下去。

3

命是天生註定，運由個人創造

有人說，所有的夢想都始於卑微，不過我認為，所有的夢想始於微，但不始於卑。卑微很難改變，微小可以成長……。

劉爺爺去世時說了一句話：「沒什麼事，我就先掛了。」認識劉爺爺的人都知道，他這輩子太不輕鬆了。

劉爺爺年輕時是軍人，退伍後在一次與小偷的搏鬥中，被迎面而來的汽車撞到腿，導致他三十五歲之後的人生，只能在輪椅上度過。

那時的劉爺爺不是沒有絕望過，畢竟他大好的人生才剛開始，好像就被意外畫上了休止符。為此，他在心中掙扎很久，甚至一度絕食，整個人虛弱到無法開口講話。

但是在某天清晨，劉爺爺坐在窗戶前，看到空中盤旋的飛鳥，旁邊還有一只風箏，同時，他聽到小孩子喊：「放高一點，再把線鬆開一點！風箏飛得真高啊……。」那一刻，他突然覺得活著真好，哪怕是坐在輪椅上，也是活著啊！

雖然腿動不了，但是還有手；雖然行動不便，但是還有腦子。於是他三十六歲學書法、繪畫；三十八歲練習舉重，雖然站不起來，但是依舊可以很帥；四十歲收留了一百多隻流浪貓狗，把父親棄用的廠房用來餵食。

接下來，劉爺爺持續努力，四十五歲開始學習英語，五十歲舉辦自己的畫展。他甚至在六十歲的時候，成為一名訪談記者，當他用一口流利的英語和嘉賓交談，所有人都為他鼓掌。

如果我們無法改變所處的現實，那就改變我們自己。你永遠不知道自己的潛力有多大。

猶記二〇〇五年的胡歌，因在《仙劍奇俠傳》飾演「李逍遙」而大紅大紫。可是沒過多久，他就發生了一場重大車禍，助手搶救無效身亡，他自己則是右眼重傷，臉和脖子加起來縫了一百多針。

那段時間，是胡歌的人生低谷。他在部落格發了一篇〈照鏡子〉：

車禍創傷了我的容貌，也衝擊了我的內心。每當我戰戰兢兢拿起鏡子，我都渴望能在鏡子裡尋找到勇氣和力量。鏡子的語言簡潔而充滿了智慧，除了我自己，沒有人能夠讓我真正重新站立，如果皮囊難以修復，就用思想去填滿它吧。

二〇〇七年，胡歌宣布復出。當時的胡歌，或許並沒有放下面容上的缺陷。二〇一五年，胡歌帶著電視劇《偽裝者》和《琅琊榜》出現在大眾眼前。多年前《仙劍奇俠傳》的李逍遙，鮮衣怒馬、桀驁不馴；多年後《琅琊榜》的梅長蘇，眼裡似有萬水千山，涅槃重生。

在劇中，梅長蘇有句經典臺詞：「我既然活了下來，便不會白白的活著。」這句話像是對胡歌說的，促使他去進修。他用閱讀填滿自己最消沉的時光，讓閱讀帶領自己走入更寬廣的境地，重新發現一個嶄新的世界。

他說：「**命和運是兩回事**。命呢，在我的認知裡就是說，每個人來到這個世界上都帶著一個劇本，這個劇本是上天寫好的，但運是靠你自己創造的。」

我們永遠不知道明天和意外哪一個先來，我身邊許多人都有所感。

張硯深說：「夏天某日我突然失去嗅覺了，味覺也受到連累損失了一大半。對我這樣特別愛吃的人來說，嗅味覺被剝奪簡直是酷刑，加上我當時一個人住，下班後就沒有力氣的癱在椅子上，整整兩個月都是隔絕狀態，整個抑鬱到不行。後來，我為了自救開始鍛鍊，不僅假期結束後瘦了八公斤，嗅覺也在冬天回來了。」

雨涵說：「在法國留學期間，一開始被孤獨逼得快要抑鬱，但在黑暗之中，我逼著自己往前走，去投入生活的懷抱。現在我終於可以在陽光下伸個懶腰，拍拍心裡那個小人的肩膀說：『恭喜妳走過這麼一段黑暗的路，而且既然都自己一個人走過來了，之後也不怕一個人走了。』」

小丘說：「人生啊，總是南來的最終北往了。」

每個人都經歷過屬於自己的絕望。我記得兒童節那天，看到小海發的動態：

這是在這個陌生的城市，我過的第一個兒童節。雖然我早已長大成人，但是我好想回到小時候——每次過兒童節，爸爸都會買氣球給我。我好想再向爸爸要一次氣球，可是他已經永遠離開我了。

小海是嬰幼兒早期教育服務中心的老師，從山東來到陌生城市打拚，每天最常接觸的就是小孩子。看著孩子臉上純淨的笑容，他覺得現在的生活雖不穩定，但今後某天他一定會實現夢想——成為一個讓爸爸驕傲的人。

就是這樣，我們唯有充實自己，才能把每一天都過成喜歡的樣子。

一旦貪婪成為美德，社會就會變成一個「以更快速度完成更多事情」的競技場。在這個浮躁的時代，我們所能執行的事中，**最有價值的就是「減法」，而有些減法，反而是我們人生的加法**。

摒棄那些無用的雜念，好好的去愛自己，愛生活。**一輩子很短，不要等到我們無力改變的時候，徒留一聲嘆息**。

我看過一張照片——夜晚的街道上，一個衣衫襤褸的小男孩把最寶貴的長袖毛衣穿在小狗夥伴身上，笑得很溫暖，彷彿擁有了全世界。

能帶給我們快樂的哪怕只是一隻狗，也足夠讓我們心生溫暖。當你好好愛自己，發現這個世界上的善意，那你對待生活，也會有更多的包容和接納。

請相信自己，相信你擁有更好生活的能力。也請大聲說：「好好愛自己，好好愛生活，你必會看見更遼闊之地！」

4 切完辣椒揉眼睛的道理，你要懂

聽到一個朋友說，以前總是想取悅所有人，讓所有人都知道自己是個善良的人；但現在，只想做個會取悅自己的人。

很多時候，我們都會把關注焦點集中到別人身上。有個笑話是這樣的：

問：「裸手切辣椒後，如何減輕手指的灼燒感？」

答：「揉眼睛，之後就顧不了手了。」

笑過之後，你會發現，**換一個焦點，自然不會那麼糾結**。

日本紀錄片《積存時間的生活》裡面記錄了兩位老人的生活。這兩位老人是夫妻，他們一起用了四十年的時間，堅持無拘無束的做自己喜歡的事，比如開帆船、調配泥土種菜、做木工、織布、釀酒、自製培根和果醬及披薩、保存食品、製作料理檔案……。

他們沒有積蓄，也沒有養老金，堅持勞動創造，每天都過得快樂充實。「有菜園和雜樹林的生活」讓兩位老人之間建立了深厚的情感，並能「快樂務農，享受費時耗工的生活」，遇到喜歡的事就一頭栽進去，一輩子不會覺得累。

這讓我想到前幾天，我去菜市場買菜，看到大聲吆喝著賣豬肉的阿姨，雖然每天都和油膩膩的肉打交道，但是我從她的聲音裡，聽出了知足和喜悅。她說：「我們家大寶就喜歡吃肉，等等收攤回家再幫他做紅燒肉。」

很多時候，我們覺得有些人的生活好像很無趣，其實真正體會之後，你才知道看似簡陋的烤紅薯爐子，也會烤出香噴噴的紅薯。

好的生活，無關外界怎麼看，更重要的是內心的感覺。所以，不要隨意評論他人生活，因為你的冷言如同濺起來的血漬，傷人的同時，也抹殺了你對這個世界的善意。

無論冷暖，都是最好的生活。

二〇〇一年，二十三歲的鷺金融專業大學畢業，之後進入一家大型國有保險公司，不僅父母滿意，周圍的人也覺得不錯。可是鷺並不喜歡自己的專業和工作，待了一年多就辭職了，之後在金融業不停晃蕩。

由於無法忍受不喜歡的事，鷺常常換工作，而在那些找不到自己的日子裡，讀書、拍照、旅行，是她為數不多的慰藉。後來鷺喜歡上攝影，她發現自己只有在拍照時是安定的、專注的，甚至是忘我的。

二〇一一年，鷺三十三歲，不僅工作不順利、沒有存款，而且剛失戀不久，準備出國還被拒簽。趁她在家過年的時候，媽媽對她說：「妳怎麼不承認這十年來，妳是失敗的？」

鷺聞言沉默不語，回自己房間整理這些年拍的照片，當時她心裡只有一種感覺——她要攝影。她下定決心只面對自己，只對自己負責。

事實證明，鷺的決定很正確，她的攝影作品受到很多人喜歡。如今轉行好幾年，她在攝影的過程中，也找到了更好的自己。

三十五歲，鷺遇到了心愛的人，連帶認為生活要樸實而鮮活，也想好好吃飯和睡覺，如此尊重自然，順應四季。鷺自嘲說：「當年大學畢業之後在上海工作，整天幻想賺大錢環遊世界，哪會想到後來竟守著租來的小小空間，出門不到一天就想回家。」

人生，是我們自己的，我們要讓內心舒展自在。至於**途中所有經歷，都是為了讓我們認清自己**。

不過也有人兜兜轉轉，始終找不到自己最喜歡的生活方式。

這讓我想到學生時期的跑步體適能測試，我們都曾用盡全力往前跑，但是沒想到因為太著急，中途反而腿軟，接下來越跑越慢。等你氣喘吁吁跑到終點，才發現體育老師早已不見蹤影。

年紀小的時候，我們總是用最單純的眼光去看這世界，其實那時的我們也是最快樂的；再後來，我們長成了受困於數字的大人，越來越在意別人的評價，活得小心翼翼，丟失了那麼多的勇氣和自我。

我看過一本繪本，叫做《喜歡大東西的國王》，其中講述了一個有「好大情結」的國王，喜歡各種好大的東西，例如：和屋頂一樣高的大床、和游泳池一樣大的臉盆、和院子一樣大的毛巾，以及大刀叉、巨型巧克力、超級拔牙鉗子、縫隙很大的鳥籠、和湖一樣大的池塘、和樓頂一樣大的花盆。

有一天，國王在大花盆中種下一顆鬱金香球根，然後期盼著它長出的鬱金香，比任何花朵都還要大。可是到了春天，大花盆裡只開出一朵很小很小、但很美的鬱金香。

這篇故事的潛臺詞是：國王可以造出許多宏偉壯觀的東西，卻怎麼也造不出鮮活的生活，而每個生命，都是獨一無二的。

中國已故詩人顧城在《哲思錄》裡說：「你把自己放在萬物中看，便如花開草長，當你排除了妄念之後再看世界，那真是美好得不得了。」

你是不是也會在某個瞬間，覺得世界無趣，覺得生活中的人情往來俗不可耐？其實如果把一切人事物的中心設定為自己，最後一定會被名利所累，自私和嫉妒都會滋生出陰霾。

你也會在某個階段漸漸明白，其實一切簡單的姿態，都是一件戰場上最尖利的武器，舊時光給你的刻骨磨難會告訴你，對於很多事情，無懼得失，這個世界才是你的。

就像植物的生長一般，慢慢成熟了才會明白，一年四季，能靜看傍晚的落日，感受每一天的清晨，就是最好的時候。生活中細水長流的節奏、人世間的煙火氣息，最終會成為你對生活的感知。

世界是我們自己的，當你學會重新審視自己的生活，你的內心也會隨著年歲增長。當所有浮躁尖銳的心緒被撫平、幼稚單一的視角被逆轉，一切都會變得不一樣，相信這會是你最願意看到的。我們的生活，大概也會隨著心的軌跡，穩當而緩慢的運轉著。

放下自己，才能收穫更好的自己，生命就是要浪費在美好的事物上。

第四章

時間能治癒的，是願意自救的人

1

人生最難熬的不是窮苦，而是重複

有一次，夢然去杭州參加Cosplay（角色扮演）動漫展。現場其他女生都穿禮服、戴禮帽，美美的亮相，個個都像美少女戰士，只有夢然扮演一坨卡通大便，靜靜的立在角落，睜大眼睛看著周圍人們或欣賞或無視的表情。那個時候，她覺得自己更像個戰士。

動漫展結束已是晚上七點，所有參加人員相約去聚餐。待夢然換好自己的高跟鞋、連身裙，其他濃妝豔抹的女孩也紛紛脫掉美麗的裙裝，而她們有些人呈現出來的，竟然又是另外一種樣子，好像一場卸妝舞會，繁華落盡，真實上演。

回到住處後，夢然發了幾張圖片到社群平臺，接著收到很多訊息，其中最受到大家關注的問題，無非是為什麼要扮成一坨大便呢？

夢然統一回覆：「我只是想看看，人們有沒有一雙發現美的眼睛。」突然，她想起十八歲的自己，如果用一個詞來形容的話，那就是「網癮少女」。

由於父母常年在外出差，極少有時間陪伴夢然，所以她選擇用網路遊戲填補自己內心的空洞，白天蹺課睡覺，晚上熬夜打遊戲。那時的夢然，喜歡把頭髮染成花花綠綠的顏色。

即使所有人都苦口婆心勸說，依舊無法改變夢然。後來，她和父母大吵一架，摔門而出，再召集她的朋友們，配著白酒、燒烤，在蒼茫夜色中大喊青春無畏，如此對著月亮和雲朵，看著彼此年輕的臉，把煩惱一飲而盡。

十八歲時，夢然戀愛了，她最常有的想法就是離家出走。

某天晚上，男孩從夢然家的陽臺爬到二樓，敲了敲窗戶，看到一臉無助的夢然。那時恰好是冬天，看著凍得瑟瑟發抖的男孩，夢然滿心都是他。他就這樣陪她說話到凌晨，再從窗戶下去偷偷溜走。

一個星期後，夢然對他說：「帶我走吧。」然後他們就用房間裡的床單綁在二樓的陽臺上，一起私奔了。

那個夜晚，夢然的爸媽瘋狂的到處找她，而陷入熱戀的夢然根本沒有心情考慮父母的感受。她坐在男孩的機車後座，耳邊是呼呼風聲，腦中只想著趕快逃離這裡，和他開心的在一起。

他們兩人去了另一座城市，她第一次體會到沒有父母在身邊的感覺，也是第一次體會到，這世界上根本沒有「不會做」這回事，當你失去所有依靠，自然什麼都會了。

他們沒什麼錢，只能租了房子省吃儉用，每天最常吃的是包子和麵條。男孩曾用花枝編了一枚戒指，戴在夢然白皙的手指上，雖然只是個玩笑，但夢然覺得，那是世界上最好看的戒指。

就這樣，他們每天都過得很艱難，好像除了考慮溫飽以外，就沒有其他娛樂、朋友和工作，這讓夢然第一次察覺到生活的現實……但是他們有愛啊，那是夢然最大的信仰。

後來，她找到一份工作，是在一家餐廳門口做接待。由於年紀還小，所以只要在客人來的時候鞠躬就好。

那個城市的餐廳特別多，每次夢然都面帶微笑的迎接用餐的客人。她記不清她一天要鞠多少次躬，也不記得腿站麻了幾次，每次疲憊不堪的回到租屋處，躺在床上看著天花板時，都有一個聲音在說：「傻女孩，這是妳的青春嗎？妳要這樣活下去嗎？」

但同時，又會有另一個聲音：「自由總是要付出代價，如果連最基本的生存都做不到，又怎麼能過上自己喜歡的生活？」

有的時候，面對客人異樣的眼神，夢然還是會覺得自己像個廢物。那時她才覺得，**原來人生中最難熬的不是窮苦，而是重複**——日復一日的重複，難道只為了賺夠一些錢去玩遊戲嗎？難道可以忽略現在生活的窘境嗎？

想著想著，夢然突然覺得，自己在最好的年紀，只是徒有一副皮囊，卻沒有更豐富的內在。她覺得自己把最好的時光都浪費了，於是離家出走不到一個月，她便決定回家。

對於十八歲的夢然來說，第一次離家出走所學到的教訓，就是懂得珍惜，而**每個人都得為自己的任性妄為買單**。有些事情，就是這麼殘忍；也正是因為這些殘忍，才教會我們如何活下去。

之後的每一天，夢然都很努力，去見識更多未知。那段學習的時光真的很疲累，她常常讀書讀到凌晨兩點，但這是她第一次感覺到，生命是如此充實。之後的很多年，夢然養成堅持的習慣，凡事都會堅持到底，以換來更好的自己。

在後來的無數個夜晚，夢然會突然想起那段年少歲月，宛如踩在雪地上，發出咯吱咯吱的聲音，從小路的一端來到另一端，就這樣一步一步成長，慢慢洗淨心裡的疲累。

曾經，一隻小烏龜愛上了一條小魚，可是後來，魚游向大海，而烏龜爬上陸地——這就是奇怪的命運，你永遠不知道你身體裡隱藏著什麼；可它們一旦悄悄的長了出來，你就會突然明白，這才是真正的你。

有人說：「貧窮的人，沒有資格輕視富有；沒有投身於浮華的人，永遠也看不破這道迷障。很多執迷和不放，都是因為不夠貼近，內心尚有保留。」

十年後，二十八歲的夢然碩士畢業，想起多年前那次離家出走。那時，她還是背著書包上學的高中生，而當時喜歡的那個男孩，現今早已成為別人的新郎。她一直覺得青春就是這樣，用盡全力的熱，亦用盡全力的冷。在時光的轟鳴中，我們的青春一點一點隨風逝去。

就在參加完杭州動漫展的那晚，夢然替自己畫了一幅畫，畫中的女孩提著行李箱，站在十字路口，旁邊是雨後的彩虹，而圖片的配文是：「那個十八歲的女孩已走遠。」

中國女作家杜涯的《被光陰傷害的人》中，有一段文字夢然非常喜歡：

一月冰雪，二月梅花，她開始陸續把屋裡的東西搬到樹下。三月桃花謝落，轉瞬即逝，她留也留不住。四月，身外已是落英繽紛，那時她把事物逐一灑掃一遍，開始坐下來寫一封書信……四月，空氣中迴盪著一種聲響，楊花在一日間堆上門扉。

真正讓人變好的選擇，都不會太舒服；如果上帝向你遞了一把刀，是因為祂身後藏了一個巨大的蛋糕。

2

太容易走的路，往往是下坡路

誰不曾忙碌，忙完就喊孤苦，只因落單了，就忘了這叫無拘無束。你也會渴望，沒任何人束縛，在沒觀眾的王國裡，表演我行我素。

——劉若英，〈我敢在你懷裡孤獨〉，林夕作詞

很多時候，忙碌的我們漸漸忽略了許多小細節……。

每個月的一號，我都習慣傳訊息給朋友們，總想在新的一個月的第一天，讓他們有好心情。

上個月，我私訊完朋友後，一個朋友回覆我：「看到妳傳的訊息，感覺真好。其實我剛和老公吵了一架，然後把小孩送去公婆那裡，心情失落到了極點……

可是看到妳傳的那些文字，我好像又產生一些力量，去應對這亂糟糟的人生。」

她是個性格很好的人，兩年前生下一對龍鳳胎。哺乳期的她帶著一身肥肉，換了新的工作，比起說一切都是嶄新的，倒不如說是混亂的。

有了兩個孩子的她，雖然有人幫忙照顧，但她還是嚴重睡眠不足，再加上新的工作環境每天都很忙，所以她在半年內就瘦了二十五公斤。有時候她會開玩笑說，工作時感覺自己的頭都快被主管罵爛了，加班、獨自完成一個策劃項目、忙得回不了家，這些都成了她的日常。

有些老同事常覺得她很可憐，不但工作節奏太快，還有兩個孩子要養，她也只是笑笑；其實有時候她也會在心裡默默流淚，覺得自己以夢為馬，越走越傻。

就這樣工作了一年多之後，她居然在繁雜的事務中變得雷厲風行，不僅組織一場場活動越發遊刃有餘，擔任主持時也更有條理。

她感慨的說，**這些都是逼出來的**。如果沒有之前無形的巴掌打著自己，或許自己還是那個停留在原地的傻子。

我們經常聽到有人說，你看人家誰誰誰，年輕漂亮又有才，或是你看人家誰誰誰，年紀輕輕家產已經達到多少……可是我們根本不知道他們與生俱來擁有什麼天賦，不知道他們抓住和錯過了多少機會，也沒有體會過他們吃過多少虧、賠了多少錢、操了多少心、熬了多少夜，更沒有看到他們曾有的迷茫和痛苦。

生活永遠沒有速成班，天上不會掉餡餅，即使掉餡餅也是用來砸你的，而不是用來吃的。

還記得有一次劉若英被採訪的時候，主持人問她：「為什麼妳看上去總是很淡定，妳從來不會有氣急敗壞的時候嗎？」

她回答：「因為我知道，沒有一種工作是不委屈的。」

劉若英出道之前是陳昇的助理，不過在唱片公司什麼都要做，包括洗廁所。她就和另一個助理輪流清洗，一個人負責一三五，另一個人負責二四六。至於另一個助理的名字，或許大家也很熟悉，他叫金城武。

有人說，職場上不相信什麼眼淚，要哭回家哭。同樣，職場也不相信軟弱，行動力決定一切。

中國作家韓寒在學生時期，書讀得不好，很多老師都不看好他。在青年文學刊物《萌芽》創刊六十週年時，他寫過一篇文：

就在幾個月前，我們又回到了那裡。居然真的和十幾年前沒什麼變化。走廊上堆滿了這一屆新概念作文大賽[17]的稿子……我走上樓，站在幾萬封新概念作文大賽的來稿邊，恍若隔世，我覺得每一封信後都有一個我少年時那樣的人，等著自己的文字閃光。同事們看著我扶著旋轉樓梯發呆，紛紛說唱兩句吧，我就哼著歌走了上來：

誰沒有一些刻骨銘心事，誰能預計後果？

誰沒有一些舊恨心魔，一點點無心錯？

我想起了自己剛出社會的樣子。

17 中國專辦給三十歲以下青年的文學賽事，由《萌芽》雜誌社於一九九八年發起，每年舉辦一次。

最初進報社實習的時候，我仗著對文字的熱愛，還以為自己有多了不起。那時報社每天的選題很多，每個人都忙得暈頭轉向，我也不例外。面對每天做不完的事，我毫無頭緒，甚至連新聞標題都會寫錯。主管雖然沒有指名批評我，但是我知道他在開會時說：「做新聞怎麼能這麼馬虎？」就是在點醒我。

我的內心很受挫，一如讀書的時候，儘管覺得自己已經特別用功了，考試結果卻仍舊不理想——我真的沒有不努力呀！我覺得我已經很刻苦了，可是成績還不如天天在課堂上睡覺的同學。

離開學校很多年後，我才慢慢懂得，很多時候我們都對自己下手太輕，總是讓自己過得太舒服，稍微努力一下就覺得是在拚命。

在生活面前，有時我們需要的不是虛偽的讚美，而是真實的忠告和提醒，那樣我們才能找到自己正確的位置。時間對你付出的血汗，都會有所回應，請你不要抱怨；因為**太容易走的路，往往都是下坡路，並不能帶你到你想去的遠方**。

努力的向前衝，不是為了成為別人眼中的誰，而是為了心目中那個勇敢執著的驕傲，為了自己的小夢想，勇往直前。

正如詩人履述先生所寫：

生活就是這樣
晴朗中有風雪
重要的是
跌倒後，還有力氣爬起
孤單時，還能安頓自己
我們一路向前，拚盡全身力氣
再堅持，會有人等你，會有光暖你
那個未來，燈火通明
那個春天，繁花遍地
那片星空，璀璨耀眼
時間治癒的是，願意自渡之人

3

你是什麼樣的人，就會遇到什麼樣的人

路亞某天上午因為參加禮儀培訓而化了妝，趁著空檔，她心血來潮在電腦上安裝了一個臉部識別軟體，結果下午卸妝回到公司後，電腦怎麼樣都打不開……。

手足無措的路亞向同事求助，結果讓她很失望——因為剛來新公司不久，她平常和同事也沒太多交流，沒想到事情發生後，周圍的同事都笑了。

甚至有一位資深大媽對路亞說：「哎呀，妳卸妝前和卸妝後的樣子都可以做成對比圖了。我聽說有個男生帶女朋友去游泳，結果女友素顏的時候，那個男生居然認不出她，你們看有多可怕！」

那天路亞狼狽極了，感覺自己就像動物園裡被人圍觀的大猩猩。她簡直恨不得跑過去，替那位大媽的嘴縫上拉鍊。

有時候，許多人看似在同一個平面上，實際上那只是視覺效果而已，他們其實處在不同的平面。而有些事情就像這樣，對某些人來說確實輕而易舉，對另一些人而言卻又遙不可及；有些人眼中簡單平凡的小事，在其他人眼裡，竟是驚天動地的大海嘯，每個人的感覺都不同。

你是什麼樣的人，便會遇到什麼樣的人。這幾個字固然簡單，卻很有道理。被你的氣場所吸引的那些人，終會和你成為朋友，因為你們很相似。面對那些討厭你的人，請不要在意，你們的頻率本來就對不上。

德國哲學家叔本華（Arthur Schopenhauer）說：「一個人自身擁有的越多，別人能夠給予他的也就越少。正是這自身充足的感覺，使內在豐富的人不願為了與他人交往，而做出顯而易見的犧牲。」

相比之下，由於欠缺內在，平庸的人喜好與人交往，**喜歡遷就別人，這是因為他們忍受別人，要比忍受他們自己來得更加容易**。

關於一個人的內在，我還聽朋友講過這樣的故事。

前陣子她去學瑜伽，教課的是一位資深的舞蹈老師。瑜伽課的學員很多，第一節課時，這位老師很認真優雅的示範給她們看，並在舒緩的音樂中，指導她們瑜伽姿勢。

可是在第二節課，老師當天的心情可能不太好，於是她中途走到一個胖女生面前說：「妳這麼胖，連站都站不穩了，怎麼可能練好瑜伽？」待課程結束，老師又對那個女生說了一句：「妳下節課別來了，這節課的錢我也不收了，就當作是送妳的。」

所有人都看到胖女生眼眶隱隱泛出的淚光。她回應：「妳討厭我也沒關係，反正我也不喜歡妳。」

朋友說：「那天之後，我再也沒去過瑜伽教室。因為一件小事，就足以暴露一個人做人的姿態。」當你無視別人的自尊，很抱歉，別人也只好給你打上不及格的分數。

有時候，我們隨口議論別人的短處，或是把別人的糗事拿來說笑，都會成為一把利劍，刺傷他人。

生活中，我們總是想得到所有人的認可。

可是，這個「所有人」當中，包括了那麼多討厭與詆毀，無奈這個世界上，看你鬧笑話的人很多，陪你耍笨的人很少。

有人說，公司裡的人際關係太複雜，即使發生的只是一件小事，照樣一上午傳遍整間公司，而且版本各異，每個人都像是資深編劇，把事情渲染得狗血淋漓，令人深感心累。

心理學有一章磁場調理。所謂的磁場，並非看不見、摸不著的東西，它每分每秒都在以一個完美的弧度旋轉著、變幻著。而且隨著我們的身體和言行，以及周圍的環境，這個磁場會有不同的變化曲線。

所以，遇到那些尖酸刻薄的人，不用去調動磁場迎合他們，只須做好自己；**我們不可能讓所有人都滿意，因為不是所有的人都懂你。**

你走你的過街天橋，別人走別人的地下通道。面子是別人給的，臉是自己丟的，如果別人不給你面子，那麼請先照照鏡子，然後再做判斷。

當然，一個人所處的環境很重要，這就是為什麼那麼多人都努力進入優質的環境，因為一個大氛圍，會影響你周圍的每個人。

一滴牛奶滴入一桶水中，它就變成了水；而一滴水滴入一桶牛奶中，它就變成了牛奶——由此可見，環境相當重要，同樣的，你的朋友圈也很重要。

我們應該做好自己，不被別人的言論左右，就算聽到閒言碎語，也要一笑而過。那些版本各異的議論，不過是嚼到沒味道的口香糖，最終會被吐掉。

邁向成熟的第一步，就是學會**接受這個世界的議論紛紛和爭議**。縱使我們無法讓一切看起來完美無缺，但至少，我們要學會無視那些負能量，找到適合自己發展的環境和朋友，並為了堅持夢想而自我努力。

一個人的成功，也不過是不被他人左右，努力做到最真實的自己。

慢慢的，你會發現，當一個多事的人討厭你，你的心裡也不再那麼在意和氣憤。誰會和一個愛搬弄是非的人計較呢？除非腦子裡進水了。正如中國文學家林語堂所說：「**人生在世，還不是有時笑笑人家，有時給人家笑笑。**」

和優秀、快樂、積極向上的人在一起後，你就會逃離那些整天抱怨、喋喋不休的人，因為正能量的朋友所引導和呈現出來的氣質都是正向的，會在無形中影響你；如果朋友總是斤斤計較、愛議論他人是非，則會把你帶入一個封閉循環中，要麼小心眼，要麼翻白眼，這些環境對一個人的影響深遠，很難改變。

在一個大環境中，經營好自己很重要。它幾乎可以決定你的生活，以及你的每一個選擇。

4

我們不完美，但不完美得很好

李大豆常掛在嘴邊的一句話是：「你是不是看不起我？」

吃飯結帳時，朋友搶在李大豆前面，李大豆說：「你是不是看不起我？」

在KTV的時候，李大豆唱歌走音，他被同事搶走麥克風後說：「你是不是看不起我？」

李大豆常說：「我十八歲就出來賺錢，從一無所有到身無分文，再從身無分文拚搏到負債累累，這就是我……別天天說什麼『有趣的靈魂太少』，好看的人和有趣的靈魂都挺多的，只是好看的人不想理你，有趣的靈魂你又嫌醜罷了。」

後來，李大豆認識了海爾姑娘。

海爾姑娘頭大但髮量少，偏偏喜歡梳個高高的丸子頭。有一次在公車上，旁邊的小孩突然叫起來：「媽媽快看，是葫蘆娃[18]！」李大豆坐在後排聽到了，一時沒忍住，笑到口水都不小心滴下來了。

當海爾姑娘大聲對他說：「請你別笑得那麼大聲。」李大豆習慣性的回答：「妳是不是看不起我？」不過這次，真的讓李大豆說對了，海爾姑娘就是看不起他這個「三沒道人」——沒錢、沒外表、沒身高。

本以為兩人再也沒有交集，想不到，海爾姑娘居然是李大豆公司新來的財務助理，正所謂冤家路窄。可在彼此冷嘲熱諷的刺激下，李大豆發現葫蘆娃也有可愛的一面，葫蘆娃也發現李大豆除了有點自卑，其實也是暖男一枚。

遇見葫蘆娃後，李大豆好像轉運了，覺得自己也變得不那麼敏感，不再總是把別人當成假想敵。他口頭那句「你是不是看不起我」，也變成了「我可以的」。他更發現，她雖然不是長得非常好看，但是個懂生活的女孩。

18 中國動畫《葫蘆兄弟》的主要角色，後腦杓有小葫蘆，看起來和高高梳起的包子頭很類似。

海爾姑娘每天都會用心做好午餐，花心思把蔬菜弄成各種圖案，帶到公司和同事分享。她還養了一隻叫「大胖」的貓，每天都把牠照顧得很好，此外，她也喜歡健身和爬山。

有一回週末，海爾姑娘帶著李大豆跑上公司旁邊的那座小山。站在山頂之際，李大豆突然發現他工作的這三年，從未認真看過自己生活的地方，感官也從未如此清澈。

雖然山頂上的風，吹亂了海爾姑娘的髮型，但突然間，李大豆覺得她長得真好看，尤其是笑起來露出小虎牙的時候。

雖然海爾姑娘看著發呆的他說：「幾天不見，你的髮際線又變高了。」但突然間，他的心裡開了一朵小花——感覺好像找到久違的自己。他在夢中找到當年那個眼神清澈的孩子，告訴他，別再與全世界為敵了，**你這樣就很好**。

有時候，我們需要接觸那些自帶能量的人，他們會把生活過得充滿陽光。

有時候，我們敏感、脆弱，一言不合就多想，把生活過得太小心謹慎。但其實，真正能治癒我們的，只有我們自己。

有人問前任美國第一夫人蜜雪兒・歐巴馬（Michelle Obama），在她丈夫擔任總統的這八年來，面對各種攻擊，是什麼讓她堅定立場，並且找到解決方法的？

「**做一個成年人。**」蜜雪兒回答：「我有很好的父母、愛我的丈夫，周圍有很多肯定我的人，這些都是有用的，但做個成年人更有用。我並非生下來就是第一夫人，我在各行各業工作，所以不可避免的會和一些人相牴觸、感覺情緒受傷，還會接觸到一些睜眼說瞎話的人。生活勾絆著你，它們會橫跨你的漫漫人生，從中我學到如何保護自己，學會如何得到自己真正需要的，擺脫那些一眼就知道是虛假的東西。」

我想，每個人的生活環境不同，所以有時生活態度也會不同，但足夠幸運的是，我們周圍總會出現一些自帶陽光的人，使你也熱愛當下的生活。

不要總把別人當成假想敵，現在的生活是我們走向今後路途的必經階段，請帶著笑容。一旦心胸隨著時間不斷開闊，到最後，我們都能變成一個不管長得好不好看，都帶著能量的人。

春眠不覺曉，庸人偏自擾，走過單行道，花落知多少。生活原本就是不知從哪裡開始、又到哪裡結束的一段旅程。讓我們多給自己一些積極的能量，忘掉那些負面情緒，坦然面對一切。

我們每個人都像蒲公英，一生總會有各種飄忽不定，卻總要學會有一顆隨遇而安的心。慢慢成熟的我們，越來越清楚明白，生活中本來就沒有太多驚天動地的大事，每一天的藍天和白雲，都是嶄新的。

願你們開心的時候，像是林中那些力挫群雄的小鹿，心裡住著奔跑的信仰，站在夕陽下與泥土親吻，連把風植入心臟，亦是另一種歡喜。至於歸來的路上，更不覺得疲憊。

請把生活當作一場篝火晚會，骨子裡燃燒起一支火把，用盡全力燃燒，最好把所有人的冷漠當成燃料，讓篝火燃燒得更旺。不要再自卑，也不要覺得自己無趣，待你變得自信有趣，這個世界也就充滿了顏色。

曾經在角落的陰暗，讓我們的生命力變得更加強大，那些嘲笑是洗練我們靈魂的旗幟；逝去的舊跡，我們不必唏噓不已，只須重修我們的內心。

散文家簡媜有過這段文字：

無論如何，請你滿飲我在月光下為你斟的這杯新醅的酒。此去是春、是夏、是秋、是冬，是風、是雪、是雨、是霧，是東、是南、是西、是北，是晝、是夜，是晨、是暮，全仗它為你暖身、驅寒、認路、分擔人世間久積的辛酸。你只須在路上踩出一些印跡，好讓我來尋你時，不會走岔。

我突然明白了其中含意——**真正的向陽生活，不是避開世俗的喧囂，而是真正體會每一天的清風雨露。**

誰都希望打一手從不出錯的好牌，但直到你出一次錯，親手打破對完美人生的期待，才能放下不安，大大方方的做自己。

5

生活就像掛在脖子上的餅，怎麼吃？看你

我看到一個標題為「空巢青年」的報告。

有網友總結，一個典型的空巢青年可能是這樣的：

二、三十歲，在一線城市有一份體面的工作，住在月租三、四千元的套房或家庭式隔間裡，唯一熟悉的室友是自己養的貓或狗，廚房有全套餐具但平常都吃便利商店或叫外送；長時間在手機和電腦之間無縫切換、作息失調，除此之外，不出門不洗頭，眼睛常年布滿血絲……。

為什麼周圍的人那麼多，你還是感覺自己很孤單？

為什麼所有的人都在低頭看手機，活在自己的世界裡？

我們有時候和別人缺乏溝通，總是喜歡畫地為牢，困在自己編的籠子裡。

電影《刺激一九九五》（*The Shawshank Redemption*）裡說：「（監獄裡）這些牆挺有意思的，一開始你抵觸它，然後你習慣它，最後你不得不依賴它。」

有的人總是在抱怨，覺得自己的生活像一潭死水，毫無波瀾。可是**有時候，並不是生活本身的錯**，而是他們根本沒有想到自己到底在追求些什麼。

即使每天都鬥志昂揚，卻只是在玩手機、做空想家，幻想著有一天可以按照自己心裡所想的那樣生活。這就像脖子上掛著餅，興致勃勃吃完了前面卻懶得把餅轉過去，最後還是餓死了。

生活一定有它不公平的地方，當你看到那個二十幾歲的朋友突然買了豪宅，而你只能在加班後的夜色裡，獨自回到租屋處入眠，怎麼會不心酸？

但是，你還年輕啊，前面的路那麼長，時間會給你乘風破浪的勇氣，就是要你去努力，知道這世界遠比你想像的還寬闊。

眼前的迷茫又如何？你不需要因為如今的困惑，總是和孤獨為伴，因為總有一天，你會依靠自己，改變你的生活。

辛巴奶奶[19]在四十六歲那年，辭去央視主編的職位，在許多人的不解中，堅定的去過心底渴望的慢生活。如今的她，種花、下廚、做衣服、看書、編織……多年冷落的愛好，都一一拾起來。

她做菜，可以連續好幾天不出門，就為了研究一道菜；她養花，可以一個品種養好幾盆，放在房間陽臺的不同位置分別照料，直到摸清種植規律；她學古箏一年，可以達到業餘六級的水準；她年輕時愛做衣服，現在重新拾起，只要四季面料[20]配上簡單的袍子樣式，可以多年無須再買新衣。

辛巴奶奶不但開始編織，也教別人編織，很多人因為學編織，連帶改變了對待生活的態度，哪怕每天被各種家務工作搞得繁忙疲憊，晚上也要擠出時間，沉入內心與自己相處。就像有人說的，無人能阻止衰老，但剩下的生命越是短暫，越要使之過得豐盈飽滿。

攝影師彼得．林德伯格（Peter Lindbergh,1944-2019）執鏡的二〇一七年倍耐力年曆[21]，主題就是：情感（Emotional）。模特兒全是素顏的頂級女明星，不僅素顏，還採用黑白色調，甚至零修圖，彷彿如此才能夠擔起「美人」二字。

彼得・林德伯格說：「我想要對抗那種關於完美和青春的可怕執念。**如果你太習慣於那些表面的東西，靈魂之光怎麼照射出來？**」

不過這世上，沒人有義務幫你解決所有難題，也沒有人一定要承受你所有任性和壞情緒。你必須讓自己陽光起來，經受過暴風雨的洗禮，即使被摧殘得有些枯萎，仍用你的小宇宙，冷靜的迎接屬於你的新生活。

你不該出於寂寞、出於無助，奢望空想帶給你心靈上的慰藉。你自己**如果不努力，難題永遠是難題。**

19 本名楊劼，曾在中央電視臺工作過十二年，因為想變換一種生活方式而辭掉工作。之所以取名為辛巴奶奶，是因為她兒子撿回家的貓叫做辛巴。

20 厚薄適中、適合一年四季穿著的面料。

21 義大利輪胎公司倍耐力（Pirelli）從一九六四年開始推出的年曆，無論是風格主題或呈現手法均是劃時代的頂尖創作，具有藝術指標地位。

6

生命不是你活了多少日子，而是記住多少日子

「你要承受你心天的季候，如同你常常承受從田野上度過的四時。你要靜守，度過你心裡淒涼的冬日。」

——黎巴嫩詩人紀伯倫（Khalil Gibran）

這世上有兩種生活，一種是忙忙碌碌，重複了又重複；一種是在每個階段，內心都有所得。前一種勇往直前，好像永遠停不下來；另一種卻活得從容自在。我們無法說哪一種生活更有意義，因為我們所處的境遇不同，每個人所經歷的人生也不同。但是，我們應當竭盡所能，記住我們走過的日子……。

我在二十四小時不打烊書屋，看見正在看書的溫睿，這是我第二次看到她。

屋外飄著大雪，書屋內溫暖如春，牆上寫著一句：「歸去，也無風雨也無晴。」一桌上放著一杯清茶。溫睿端起茶杯喝了一口，然後用溫婉的聲音說：「讀書的時候，是不是感覺整個世界都安靜了？」

這家書屋就是溫睿開的，空間不大，十八坪左右，但是給人的感覺相當溫馨美好。

在這個年輕女生大都喜歡時尚包包的時代，溫睿的布包引起了我的注意——那個布包是她手工縫製的，使用藍色的純棉布料，上面有她親手繡的麥穗和她自己的名字，簡單得像是純淨藍天下的呼吸。

平常書屋人少的時候，溫睿就開始練毛筆字，一橫一豎都立見功底。她就像是一株靜靜生長的竹子，不急不躁、不緩不慢，喜歡穿著漢服在小屋裡讀詩，彷彿世俗外的所有風雨，都與她無關。

認識溫睿的人都知道，她是一個單親媽媽，有個三歲的女兒。十幾歲時的溫睿是個叛逆少女，抽菸、喝酒、玩搖滾，「我當時骨子裡有好多刺，好像碰到誰，誰就會被我扎傷。那時我活得太過自我，總覺得天大地大我最大，一言不合就爆發！」她這樣回顧當年的自己。

高中的時候，溫睿喜歡上一個男孩，那個男孩也喜歡溫睿，兩個人的戀愛成了校園裡最轟轟烈烈的青春往事。

高中畢業，男孩被父母安排出國，等他出國一週後，溫睿發現自己懷孕了。那是她過得最陰暗的一段日子，身無分文又不敢告訴父母，一個人躲在閨密家裡。

一個月後，她決定回家告訴父母，打算生下那個孩子。媽媽問她：「妳才幾歲？妳想好怎麼做個母親了嗎？」

溫睿愣了一下，堅決的點頭：「我就是要生下他，所有事情我獨自承擔。」

可是在生完小孩的第一年，她才感覺到什麼是真正的絕望……她自己都還沒長大，現在又多了一個更小的孩子，她完全不適應當媽的節奏，也因此陷入抑鬱。

「自己有心結的時候，我並不願意和別人傾訴，因為這是我自己犯的錯。可是如果青春重來一次，我想我還是會喜歡上他，畢竟那個年紀的女孩，除了自己心裡的想法以外，是聽不進其他聲音的。我們離開一些人，便會成為更好的人，**這樣的轉變是因為他，但不是為了他。**」想起過去，溫睿笑著說。

過了兩年，溫睿從抑鬱中走出來。

掙扎的那段時光，真的很難熬，也正是那些日子，讓她想通了——我們這一生，總會遇到很多我們並不想面對的事情，但正因為那些難過，才讓我們更懂得此刻生活的珍貴。

孩子三歲時，溫睿開了那家二十四小時不打烊書屋。她開始靜下心來好好生活、經營自己，除了照顧小孩，其他時間都在書屋裡讀書、寫字、刺繡。

她覺得每天那些安靜的時光，都在豐盈她的內心，她也從那個任性狂妄的女孩，變成如今的樣子。溫睿說自己好像找到了失散多年的另一個自己，內心對未來不再恐慌，而是充滿期待。

戴佩妮的〈辛德瑞拉〉有一段歌詞說：「她沒有玻璃鞋，沒有華麗衣裳，沒有鐘聲的敲打，沒有帶花香，沒有舞會妝。她不愛說話，不懂裝傻，任別人叫她醜小鴨……。」

我們都曾是生活中的醜小鴨，直到有一天，當我們真正蛻變成更好的自己，你會發現，每一段日子都不會白過，所有眼淚都不會白流——所有你經歷過的，都會以另一種形式，教會你成長。

生活沒那麼多五光十色，我們不過是盡力把最普通的日子，過得溫暖如初。

我曾經幻想過很多生活情景，精彩的、轟轟烈烈的、波瀾起伏的……其實體會過生活中的各種滋味，會發現「簡單」，才是最真實的狀態。波瀾不驚，才能平靜的呼吸，那種感覺就像吃一顆甜而不膩的蘋果，或是喝一杯加了糖的牛奶，溫潤而馨香。

最簡單的日子最珍貴。擁有純善的心，就會凝聚驚人的勇氣和力量，進而擊退黑暗，讓自己變得堅強。

活在當下，時日安穩，草木清香，拈花微笑。我們每個人都行走在自己的軌跡上，日復一日，步履匆匆，但在平凡的日子中，願所有人都能有所得。

每一天都在付出，每一天也都在收穫。**最尋常的煙火氣息，才是生活本來的模樣，而好的日子，都透過內心的寧靜得來。**

第五章

拚盡全力，成為自己的女王

1 要做就做唯一，不要當別人的插曲

喜糖敷面膜的時候沒料到是劣質面膜，結果螢光劑中毒，晚上關燈之後，臉亮得她以為自己被鬼附身。

那天晚上，頂著一張發光的藍臉，喜糖把自己想像成黑暗中的燈塔，或者是礦工的頭燈；她甚至想像在某個突發災難的夜晚，自己的臉能成為一束光，照亮別人逃生的路。

那樣想的時候，她覺得自己好偉大，甚至在夜裡笑出了聲。

喜糖非常喜歡敷面膜，儘管螢光劑中毒，那晚的愉悅心情還是讓她欣喜的敷了一張貓熊圖案的面膜，還親自下樓去倒垃圾。結果在快要走到大垃圾桶的時候，「媽呀，有鬼！」一個帥哥居然被她嚇到，不過他被嚇到的第一反應，竟然是拿起手機對著她拍了起來。

喜糖於是衝過去對著他吼：「你是不是有病啊！遇見鬼也敢拍？小心我住進你的手機裡！」當時，喜糖覺得自己的神情，一定像個無所不能的女魔頭。

男孩說：「好的，先說我有心臟病，妳把我嚇死了我正好陪著妳，這樣妳就不孤單了。」

喜糖從沒見過一個男生撩妹撩得這麼不要臉的，不禁笑出聲來：「我寧願灰飛煙滅，也不會嚇死您，您好好的活著吧。」

男孩說：「我在學校見過妳，我可是妳的學長。」

喜糖只回了這個「學長」三個字：「你有病！」

第二天，喜糖在收完快遞時心想：完了，以後可能要嫁給這裡的送貨員了，畢竟他掌握了我的財務狀況和購買習慣，看過我沒洗臉、沒洗頭的素顏模樣，甚至連我敷面膜、戴浴帽的樣子都十分了解。

喜糖從不覺得自己是剩女，更不會為此感到失落，相反的，她覺得自己活得很開心。

正在看韓劇想著自己未來的另一半時，她的手機收到一則訊息：「請開門，有禮物。」門一打開，是那天被嚇到的男孩，他說：「我拿我兼職公司的電影折價券來送妳。」

喜糖撲哧一聲笑了，夜色中她的臉已經恢復正常，男孩笑得像是六月的陽光一樣燦爛，讓喜糖有種被烤焦的感覺——六月的陽光太晒了。

從那天起，男孩每天傳訊息給喜糖，偶爾送送花，或者直接寫個笑話字條塞到她家的門縫，而喜糖不動聲色的開始期待一場愛情。

一個月後，喜糖和男孩一起吃了第一頓晚餐。後來他每週都約她出來吃飯，送小禮物給她，兩人一起聊人生、聊夢想、聊生活。

喜糖心想，快了快了，好像終於要等到那個對的人出現了。而且她覺得男孩一定會向她告白，因為她每天都會在固定的時間，收到他的早安、午安、晚安，還提醒她按時喝水、按時睡覺、按時起床。

愛情來臨之前，都是這樣心生甜蜜吧。

三個月之後的聖誕節，男孩約喜糖出來看電影，但喜糖因為公司有事，所以無法赴約。忙完公司的事、路過商場的時候，喜糖本來想買一件禮物送給男孩，卻看到男孩摟著另一個女孩的肩膀，在人潮擁擠中從前方走過。

喜糖以為自己眼花看錯人，便揉了揉眼睛，只是那個背影再熟悉不過……。眼前的女孩捧著一束玫瑰花，笑得一臉燦爛。那樣的笑容，讓喜糖想起自己第一次見到男孩時的樣子。果然，六月的陽光太晒了。

喜糖在心裡安慰自己：人家也沒告白啊，不過是自己自作多情……可是，從他的各種行為來看，分明是喜歡她呀。喜糖越想越難過。

第二天，男孩約喜糖出來，說是補過前一天的聖誕節。吃飯前，他拿著一束玫瑰對喜糖說：「當我女朋友吧。」喜糖看著他的笑容，還是那麼燦爛，但浮現在她腦海裡的只有一個字——爛。

見喜糖沒有說話，男孩有些尷尬，便起身去了洗手間。

兩分鐘後，男孩的手機響了，提醒有一則新訊息。喜糖無意間看到彈出的頭像，是昨天那個女孩。

突然，喜糖心裡升起小小的邪惡，促使她點開手機。她知道男孩的解鎖密碼是一個圓形，他還曾經開玩笑的對她說：「這個密碼很有趣吧？」

手機裡，顯示著那個女孩的訊息：「親愛的，謝謝昨天陪我過聖誕節。」喜糖接著返回程式主頁，找到自己，發現設置了一個標籤：正在發展的傻女孩。而朋友列表中共計五人有這個標籤，其中兩個人的訊息已經被他隱藏掉了。

所有早安、午安、晚安的訊息，都是相同的內容，傳給不同的人。那一瞬間，喜糖只想高歌一曲：滾滾長江東逝水——除此之外沒有其他感覺。

待男孩從洗手間出來，喜糖面無表情的說：「謝謝你這段時間約我，但是本小姐好好的一個人，不想在你生命裡當插曲。你為什麼不建個女友群組呢？讓我們這些女生好好交流一下。」

男孩看了看自己的手機，明白喜糖的諷刺。他沒有解釋，也沒有道歉，這讓喜糖更加厭惡，隨手拿起已經冰冷的檸檬茶，潑在他臉上，那陽光般的笑容瞬間陰冷如黑夜。

「**請不要再來打擾我。**」喜糖扔下這幾個字，便頭也不回的走了。

不是不難過，而是我們想像的愛情，總是容易被現實所塗改，我們預想的結局，都會像個神轉折，給我們與眾不同的答案。此次經驗之後，喜糖又開始敷面膜了，她依舊要美美的等待對的人出現。

人生中難免會遇到一些奇爛的對象，但並不影響我們期待幸福前進的腳步。我們努力變得更好，努力用心生活，就是為了有一天，能有一個真正好的對象站在我們面前，而你也可以驕傲的跟對方說：「面對愛情，我已經準備好了。不要狼狽、不要尷尬、不要做別人的備胎。」

愛情那麼好，為什麼一定要成為別人的插曲？你好好的一個人，要做就做唯一。而你終有一天，一定會遇到那個對的人，陪著你人生無波瀾，餘生不悲歡。

2 傷心事豐富了一路的風景

有女孩說，和心愛的他分手了，很多尚未完成的事情，都沒有勇氣再去完成了。每次看到他們一起養的貓和狗，心就好像被烈日灼傷一般難受。

我們等的那個人，終究給了我們最凜冽的寒冬。本以為他會陪妳到最後，沒想到他走兩步就要離開。

對於未結果的愛情，我的好友通心粉這麼說：「我常想像十年後，我若遇到你是什麼樣子——你最好大腹便便、早早就禿頭了；你最好得到你愛的人，但是你不快樂。我一定要在那個時候向你炫耀、嘲笑你，再回家躲在被窩裡，**為你的不快樂而不快樂。**」

我曾看過一間失戀博物館[22]展出的藏品。第十八件藏品是一個戒指，講述小狸的故事。

小狸和他在一場晚會後認識，相戀。大學畢業後的那個夏天，男孩帶小狸回家見家長，因為小狸是單親家庭，家鄉又在異地，所以男孩家長並不同意。

後來，小狸回家鄉陪母親，他們成了遠距離戀愛。

再後來，男孩喜歡上另一個女孩。小狸連夜趕火車去徐州，都到他家樓下了，但最終還是什麼都沒有說出口，只是呆呆站了很久。第二天一早，看著男孩的背影越走越遠，小狸默默的去了火車站直接返家。

男孩生日的時候，小狸用兩個月的薪水買了一對戒指。她還記得大學時，男孩對她說：「以後結婚的時候，我就買戒指給妳。」

22 最早在克羅埃西亞開辦，展示許多蒐集來的失戀物品和故事，紀念一段破碎的關係。之後中國各地開了很多間失戀博物館，包括西安、貴陽、南京、北京、上海、重慶、合肥、深圳等地。

小狸把戒指寄給那個男孩，盒子裡附帶一張卡片：「我知道，你以後會遇見讓你求而不得、百爪撓心的人，而我身邊也可能有了別人；只是希望，**我陪你走過的路，你千萬別忘了**。」

聽朋友說，男孩收到戒指的時候，哭了。小狸對此回應：命運有多可怕，時光就有多殘忍。

失戀博物館第三十二件藏品是一條圍巾，說的是禾禾的故事：「我已經和他離婚一年多了，我去酒店抓他出軌的那天，就圍著這條圍巾。」

禾禾是土生土長的北方女孩，在南京讀了四年大學之後，順利進入南京一家報社工作，他是和她一起到職的新同事。作為南京本地人，他帶著禾禾去棲霞寺[23]夏天看螢火蟲、秋天看楓葉，他們的戀情就像是玄武湖[24]的水面，有波瀾，沒有風浪。

兩人婚後不久，他跳槽去了電視臺。他的溫柔和呵護，在她懷孕第二個月被抽走，很多個晚上，他都說他在加班。懷孕七個月時，她知道他出軌了，但為了即將到來的寶寶，她還是選擇原諒。

直到寶寶出生後，她知道，他手機裡的那個聯絡人，一直都存在。

那天特別冷，她拿著車鑰匙，穿好衣服，戴上那條圍巾去了那間酒店。

禾禾說，從那之後，她就徹底告別了這個男人。

日本動畫《螢火之森》裡有一句話：「時光終有一天會將我們分開，但是，在那天到來之前，就讓我們一直在一起吧。」

村上春樹說：「不必太糾結於當下，也不必太憂慮未來，**人生沒有無用的經歷，當你經歷過一些事情後，眼前的風景已經和從前不一樣了**。哪裡有人會喜歡孤獨，不過是不喜歡失望，誰都有自己的傷心事，成熟不過是善於隱藏，滄桑不過是

---

23 位於中國江蘇省南京市棲霞區棲霞山西麓，始建於南北朝時期。

24 亦位於江蘇南京。

無淚有傷。」

奧地利小說《一個陌生女人的來信》（*Brief einer Unbekannten*）裡，就有著那般最單純的愛情：「你，我的親愛的，同我素昧平生的你。」世上最珍貴的，便是一個少女不為人知的愛情。愛的人知道，被愛的人不知道。

書中的女人說：「除了你，再也沒有什麼其他東西使我感興趣；我本著一個十三歲女孩的全部傻勁，全部追根究柢的執拗勁頭，只對你的生活、只對你的存在感興趣。」

後來你發現，曾經那麼愛的人好像都忘記了，失敗的戀情好像也不再耿耿於懷了。有多少次你以為的天長地久，最後都成了相忘於江湖，但無論好壞，你總會遇到更好的愛情。

總要允許受過一些傷，才能換來真正的成熟。

你還記得改編自瓊瑤小說《煙雨濛濛》的連續劇《情深深雨濛濛》嗎？你還記得裡面的陸如萍嗎？如果你還記得，那你一定不會忘了飾演她的林心如。

林心如曾說：「我又不是被剩下，是自願剩下的。」

二〇〇六年，林心如和霍建華在連續劇《地下鐵》結緣。

我還記得《地下鐵》這本繪本我看了無數遍。其作者幾米說：「有時候，我覺得已走到世界的盡頭。在這個城市裡，我不斷的迷路，不斷的坐錯車，並一再下錯車。常常不知道自己在哪裡，要去什麼地方？常常迷迷糊糊闖入很多霧的沼澤，深陷泥潭進退兩難。還好，守護天使一直眷顧著我。」

當交往的林心如和霍建華一起去看演唱會，他們像普通小情侶那樣坐在觀眾席上，甜蜜的拉著彼此的手，即使被大量粉絲和媒體包圍，他也緊摟著她，給她無盡的保護。那個畫面讓所有人都覺得：他們等到了。

愛你春光明媚的可以有很多人，愛你風卷殘荷的，一人足矣。

與愛的人即使相伴淋雨，也寧願人世間的風雨別停天別晴。就像有人說的，我希望你晚點喜歡我，給我一場不趕時間的愛情，慢悠悠的一起晃到老就好了。

3 沒什麼錯過的人，會離開的都是路人

珊瑚和男朋友分手了。她哭得一塌糊塗，頂著沖刷下來的睫毛膏，跑到前男友家門口敲門。但前男友只回一句：「妳別這樣，我們不適合。」然後就關上門。

珊瑚哭喊了一陣子，被門口的保全大叔發現，大叔說：「好端端的一個女孩子，哭什麼哭？我經常看這小子帶女生回來。這樣的男的，妳有什麼好哭的？」

那一瞬間，珊瑚停止了哭聲。她覺得自己應該去角逐一下綠色環保大使，感覺自己的頭頂，和公園的草地差不多——都是綠的。

回家後，珊瑚仍沉浸在悲傷中無法自拔；她知道自己遇人不淑，知道花心的他早晚會離開，可是，她心裡還是有那麼多的捨不得。

在家一個人喝得酩酊大醉，把芒果當成手機，給男友打了一個小時的電話，

然後跑到樓下花壇對鄰居說她是一朵花，要他們把她埋好，她要開花了……就這樣折騰了一個月之後，珊瑚想通了：能捨得讓她如此傷心的人，離開了也不必遺憾。

不久，珊瑚剪了短髮，穿上之前一直喜歡的運動裝。從那以後，珊瑚學會了更好的去愛自己，唯有離開錯的人，才能遇到那個會用生命保護你的人。

前幾天，我看到珊瑚發的動態消息：「我喜歡這個世界，也喜歡嶄新的自己。」配圖是她和新男友在海邊手牽手的背影。

我們用心而活並不是為了什麼遇見誰，而是為了遇見更好的自己。

就像朱茵談起多年前與周星馳的那段感情，她更多的是一種平靜，現在的她眼裡只有老公黃貫中。如今朱茵褪去了紫霞仙子[25]的光環，有一個經常秀恩愛的老公和一個可愛的孩子。當年的往事已經過去，她也不再是那個期待身披金甲聖

---

25 一九九〇年代中國電影《大話西遊》中的角色，「我的意中人是個蓋世英雄，有一天他會身披金甲聖衣、踩著七色雲彩來娶我，我只猜中了前頭，可是我猜不著這結局。」為其經典臺詞。

衣、腳踏七色雲彩的人來娶她的女孩，因為她身邊剛好有個珍惜著她也愛她的人。

某天，你一定會感謝那個不愛你的人，感謝那個你曾深愛著、卻離你遠去的人。因為你錯過了他，卻贏得了自己。

李宗盛在和林憶蓮離婚後，〈領悟〉裡那句著名的歌詞亦道出其心聲：「我們的愛若是錯誤，願你我沒有白白受苦。」多年之後，他在演唱會上，和大螢幕上播放的林憶蓮影像一起隔空合唱〈當愛已成往事〉，還是幾度哽咽，掩面強忍著淚……愛過痛過，依舊幸福的站在臺上唱歌。

有人說，年過五十歲的林憶蓮，比以前好看。人們震驚於她的隱忍進取，更好奇一個活出自我的女人，最大的訣竅是什麼？不是別的，正是那種決然、悍然、凜然面對生活真相的勇氣。

結束一段錯誤的愛情，我們收穫的不僅是眼淚，更多的是如何變成更好的自己。有沒有愛情，都不影響我們此時活著的喜悅。

每天晚上十一點，我都能在手機上，看到一個有自己工作室的女孩發的動態，她說：「慢慢明白，生活不會因為某個節點而變得與眾不同，**未來的幸運，都**

是過往努力的積攢。」

我們為什麼要努力？因為這個世界存在那麼多的相忘於江湖。當你足夠堅強，把自己變得更好，然後去遇見更好的人時，才能在錯的人揮手告別的時候，有勇氣大聲對他說：「請有多遠滾多遠，沒有你，我也可以過得很好。」

我也喜歡那些自帶能量的人。他們懂得，有了愛情，我陪你一起變好；沒有愛情，我會先把自己經營好，並且始終相信，那個對的人永遠不會缺席。

生活從不會因為你脆弱，而總是給你圓滿結局；在遇到對的人之前，你總要經歷一些不易，而你流的所有眼淚，只為了在那個對的人出現時說：「為了遇到你，我知道我的眼淚沒有白流。」

不要難過，**沒什麼錯過的人，會離開的都是路人**。那個在終點等你的人，就在前方。

4

愛是日久生情，不愛也是日久生厭

我們總以為結了婚以後，一切就不同了，都會有個全新的開始。就好像開學的小學生，準備好嶄新的文具，以為生活從此可以不同；就好像千禧年，只不過也是個尋常的日子，卻被太多人賦予了太多期許。

有些女生總覺得結婚之後，一切都會變好，好似所有的材料都準備好了，做出來的飯就一定好吃。實際上，結婚只是生活的一個開始，持久戰才真正打響。

有時候我們總是會怪父母嘮叨，怪他們總是操心這操心那，不能為自己而活。可是，我們長越大，越覺得當初自己的想法多麼自私——正是因為他們的付出，我們才有安穩的生活。

有人說，我們誤以為的愛情和麵包之爭，在真正的愛情面前轟然瓦解。我們缺的從來不是麵包，而是堅信可以掙到麵包的勇氣和信心；恰好，給你信心的絕大動力，來自你的愛情。因為相愛，所以可以化身超人披荊斬棘，抵禦世事艱難。

麵包讓我們維生，愛情則讓我們選擇與誰同度一生。

我身邊有個女生，結婚前和男朋友特別幸福，男朋友更對她百依百順；結婚以後，由於婆媳問題，導致家庭戰爭頻發，而她老公也越來越情緒化，一家人為了一點小事就爭吵不休。

有了孩子之後，不只是坐月子時婆婆和她大吵一架，後來又因為帶孩子的問題各種生氣。她說，她沒有一天是快樂的。

其實，她本來是個開朗豁達的女人，卻被婚姻中的矛盾糾纏不休。

她好懷念兩人剛在一起的時候，可是走著走著，一切都不一樣了。之前她的脾氣、她吃飯時的狼吞虎嚥、她胖胖的身材，在他眼裡都是寶，覺得有脾氣的人才有個性呀，一個可愛的吃貨誰不喜歡呢？還有，胖胖的才更有抵抗力啊！

甚至他每一次看她的樣子，眼裡都是寵溺。

可是這些年過去，他看她的眼神已經變成一堆死灰，不復從前的光亮。他不再噓寒問暖，而是抱怨她不打理自己；他不再那麼溫柔，而是責怪她沒有經營好生活，且會因為一些小事，就和她冷戰很久……很多痛苦都是冷戰後的放大。

有了第一次冷戰，他們的矛盾就加深了。於是她心裡開始結冰，不再溝通，不再一起吃飯，覺得怎麼樣都是折磨。

她婆婆說：「你們離婚吧，孩子妳帶走或者留給我！」那麼決絕的話，像刺向她心裡的一把刀，她知道這場婚姻，從一開始就有太多隱患——她不該當著她婆婆的面，在結婚前就埋怨她老公，也不該和婆婆沒完沒了的吵架，更不該在有了婚姻之後，還和老公各自計較，磨光了所有溫柔。

很多時候，她都會回想和他在一起的這些年……五年前，他們相識，他每天都在樓下等她，每一次小別離，他們都捨不得。那時的他支持她所有想法，她亦感恩他的付出，兩人無數次想像未來生的小孩是什麼樣子，想一起去看更好的世界。

只是，結婚後，她第一次和婆婆吵架，第一次生氣摔東西，而他第一次那麼討厭她，不想再理她；他們心中的愛，被那些日常小事阻擋了，他由著自私蔓延，她由著委屈滋生——他們的愛，被消磨殆盡。

過去的她覺得，每天那些包容和互相理解都很浮誇，且認為一個人只要愛你，就要愛你的全部。當她快要失去這份感情時她才明白，**兩個人的包容，比「我愛你」還平實可貴**，就像是做飯，即使有了好的食材，但少了好的鍋和火候，一樣會失敗。

緣分讓我們真正成為彼此的親人，而日漸疏離讓我們成了彼此的敵人。

前段時間，我再見到她，她消瘦了不少，語氣中再也沒有抱怨，卻也沒了初談他時的激動，只是淡淡的說：「為了孩子，先湊合著過吧。」那一刻，我很心酸，昨日最親的人，真的變成了最陌生的人。

我原以為只有**愛是日久生情，其實不愛也是日久生厭**。

我們終究要知道，人生是一段又一段的旅程，請你珍惜一路上相守陪你看風景的人；如若不愛就請遠離，不要讓生活中的瑣碎，成了日積月累的傷痕。

唯有共同經歷了那些最壞的時刻，卻依舊堅定的在一起，那才是最好的事，也是愛情最好的樣子。

男人最不想聽到女人說：「你以前不是這樣子的……。」而女人最不想聽到男人說：「妳要這麼想，我也沒辦法……。」

每對情侶的愛點、痛點、爆發點各不相同，只要想在一起，就別亂爆發，例如一句話說錯，爆發；一件衣服買錯，爆發；一個眼神不對，爆發。壞的愛情，讓你自己變成一座活火山，不定時爆發。

並不是每個人的另一半都完美無缺，也並不是不愛就不愛了，不愛的背後，隱藏著太多糾結。即使是最恩愛的夫妻，一輩子都至少有兩百次離婚的念頭，和五十次掐死對方的想法。

真正的愛情，是讓我們彼此變得更好，不為柴米油鹽的平淡而埋怨，也不總是想要改變對方，因為每個人的家庭環境和生活氛圍都不同，要學會接納和包容。

我們經常困惑，怎麼樣才能經營好愛情、經營好家庭，或者身邊的這個人夠不夠好，值不值得我們付出。實際上，最好的那個人，往往是每天陪你吃飯、陪你生氣、陪你掃盡一地雞毛的那個傢伙。

千萬不要和最愛的人相守一小段路途之後，只留下兩個字：愛過。

5

不論你怎麼精算，分開永遠比未來先來

聽趙雷現場演唱〈成都〉時，我看到身邊的楊姑娘哭得稀里嘩啦。

在那座陰雨的小城裡，我從未忘記你。
成都，帶不走的，只有你。
和我在成都的街頭走一走，
直到所有的燈都熄滅了也不停留。
你會挽著我的衣袖，我會把手揣進褲兜，
走到玉林路的盡頭，坐在小酒館的門口。
……

楊姑娘是道地的北方姑娘，去成都（位於中國中部）讀大學。她總是會和我說起，她和前男友第一次見面的場景……。

大學報到的時候，學校請新生們填一份自我簡介，其中包括體育強項。學長告訴楊姑娘，不要寫運動會項目，不然以後辦運動會會強迫參加，於是楊姑娘寫了高爾夫、滑雪之類的。

她接著轉過身，本想提醒後面那個很帥的男生，結果發現他寫了雙腳踩燈泡、胸口碎大石，當下憋笑到差點內傷。後來他們成了大學裡的同班同學。

那年楊姑娘二十歲，還戴著牙套，最喜歡的電影是《初戀那件小事》。

某天下課她跟朋友講笑話，他正好路過，她就在張著嘴、笑到忘情時，不小心靠在他的肩膀上，然後牙套的鋼絲就勾住了他毛衣上的一根線。她不知道當時是怎麼取下來的，只記得線被拉得好長，從那之後，他再也沒有穿過那件毛衣。

再後來，她成了他的女朋友。有一次他們在食堂吃飯，楊姑娘和他鬧著玩，作勢要踢他，沒想到用力過猛，鞋子不小心飛到別人碗裡。

好像未來生活的所有場景，他們都一起想像過，也一起度過了最快樂的大學時光。

某個假期過後，楊姑娘對他說：「你好像又晒黑了，頭髮也剪短了，背影越來越帥啦。」男友說：「我們分開了一個假期，我怎麼感覺像過了十年那麼久？但是見到妳的那一刻，又覺得好像只是在教室門口等了妳兩分鐘。」

他們一起吃遍了成都的小吃，一起在下雨時牽著手跑到自行車棚躲雨，一起看日月星辰。可是在畢業前一個月，楊姑娘發現男孩和另一個女孩，拉著手在校園裡親吻。

不是那麼愛嗎？

明明說好要永遠在一起，等來的卻是無情的分離。有時候，不論你精確到哪一分哪一秒，**分開往往比未來先來**。與愛的人分別，最大的痛苦或許是——**原本計畫要兩個人一起做的事，最後都不得不自己完成**。

每次提到男孩，楊姑娘總是說：「那個笑得很好看、會彈吉他給我聽的男孩，走丟了。」

多少女生都嚮往著鳳冠霞帔的結婚照片：喜慶的紅，印襯了美好容顏，貼近俗世的溫馨；身後的中式建築散發出木質清香，旁邊的大紅燈籠，閃耀著不曾停歇的熱鬧。大紅色點亮人們的視線，配上衣裙婉轉、大紅繡鞋素雅精緻，紅蓋頭半掀，眼裡眉間，笑靨如花。

可是讓那些女生傷心的是，良辰美景終是一場空。有的女生甚至說：「我連我們八十歲的樣子都想好了，我們還是分手了。」

我曾看過一個帖子問大家：為什麼不能和前男友聯繫？最讚回答：「因為妳還不到火候。如果因為經濟能力被分手，等妳年薪超過他十倍的時候可以聯繫；如果因為妳任性而分手，等妳修煉化身真正精神獨立的成熟女性再聯繫。

「如果因為妳不夠漂亮而分手，等妳練出馬甲線、美容化妝、提升穿衣品味，終於成為女神的時候再聯繫；如果因為他劈腿而分手，那妳等到外貌、性格、經濟能力都讓第三者看不到妳的車尾燈時再聯繫。在沒有強大到可以俯視他之前，再聯繫真的是自取其辱。要是有機會碰見，妳也要光芒萬丈。」

在楊姑娘聽〈成都〉聽到哭的時候，她已經準備踏上前往異國的旅途。和男孩分開後，她大學畢業至今，再也沒有一個人回過成都；她害怕走過那些熟悉的街道，想起那些熟悉的畫面。有些致命傷，終究是忘不掉的。

楊姑娘記得古裝喜劇《武林外傳》有一集，郭芙蓉把辣椒醬當成洗面乳，結果整個臉變得紅腫，她就哭著說嫁不出去了，然後呂秀才對郭芙蓉說：「妳嫁給我吧，我記得妳漂亮的樣子。」

如今，稱讚自己最漂亮的那個人，已是多年未見。

那個為了織一條圍巾給男孩，可以整夜不睡的女孩；那個每天早晨都會定時打電話叫男孩起床的女孩；那個為男孩擋酒、一口氣喝下一瓶啤酒的女孩；那個在男孩面前笑得肆無忌憚的女孩……再也不見了。不見的還有青春年少時的愛情。

很多時候，我們陪著喜歡的人走過漫長的馬拉松，沒想到等在終點的，卻是別人。

小琪遠距離戀愛，坐了一千兩百公里路程的車去見男朋友，可是男朋友沒有見她。她在男朋友的學校門口吃了個割包，就坐火車回去了。

肖豆豆暗戀一個男生十年，十年間，兩個人連一句話都沒說過，上大學分開後，她只知道他在海南。某個國慶假日，她坐了十幾個小時的車到他的學校，想給他驚喜，結果等了很久很久，竟看到他拉著另一個女孩的手。她一句話都沒說，轉身就去了海邊，看完海再返程回家。

我聽過一段對話：

「在嗎？」

「嗯。」

「有件事想跟你說。」

「嗯。」

「我喜歡你。」

「嗯。」

「這是自動回覆嗎？」

「不是。」

好女孩，願妳們一生因愛和被愛而有恃無恐，野蠻生長。希望妳能遇到溫暖妳心的那個人，願他陪妳度過每個春秋冬夏，就算終有一別，也請不要辜負你們的相遇。

誰沒有失戀的時候？如果為愛紅了眼眶，就把往事一飲而盡吧。

6

和別人說起你，是我想你的方式

有網友給《哆啦Ａ夢》創作了一個結局：

哆啦Ａ夢陪了大雄七十年，在大雄臨死前，他對哆啦Ａ夢說：「我走之後，你就回到屬於你的地方吧！」哆啦Ａ夢同意了。大雄死後，哆啦Ａ夢用時光機回到了七十年前，對小時候的大雄說：「大雄你好，我叫哆啦Ａ夢。」

——人生若只如初見，如果讓我選擇，我還是選擇去遇見你！

生活中，有一個願意陪你出糗的朋友很重要。

普羅旺說，有個朋友跟她合照，上傳到社群平臺，總是只幫自己修圖，發出來的照片永遠是她脣紅齒白、面容晶瑩剔透，普羅旺在旁邊粗糙得像個鏟屎的，但她提起那個朋友時，依舊笑意滿滿：「誰叫我們認識這麼多年，真拿她沒辦法。」

小恐龍說，有一次和好朋友逛街，朋友突然像發瘋一樣，指著馬路邊電線杆上的廣告，大吼了一聲：「老娘的狐臭終於有救了！」她永遠忘不了周圍的人傻眼的神情。

夢之說，有一次，她陪朋友去醫院體檢，尿檢的時候醫生發給每個人一個小紙杯。其實接一點就夠了，朋友偏偏接了滿滿一杯尿，當朋友小心翼翼的端到護理師面前，護理師大姐一愣，說：「哎呀，你是當作來敬酒嗎？」

我們身邊，是不是也有幾個這樣有趣的朋友？當你**和別人談起這個朋友，會不會眉眼帶笑？**有一種感情，和愛情無關，那就是陪我們走過這些年，知道你最多糗事的那個朋友。

有人說：「我巴不得妳脾氣古怪只能和我相處，一輩子嫁不出去，只能做一個孤僻的小老太婆，深居簡出在家追劇擼貓，隨時可以接我的電話、應我的邀約，時刻準備好面對我的牢騷和炫耀。但是我愛妳，希望妳能住在有聖誕裝飾、燈光明亮的大房子裡，忙於家庭瑣事，**哪怕再無話題逐漸疏遠，也想要妳得到幸福。**」

也有人說：「如果我跟你一起陷入泥潭，我希望你能出去，因為你出去了能拉我一把，讓我也擺脫困境；如果我太重，你實在拉不出去，那聽**你講講別處的風景，也不錯**。」

而我想對朋友說：謝謝你們一路相隨，願所有人都心如所願。

我想起幾年前的春節，我陪洋逛街，她買了一件紅色的大衣，穿上去如花似玉，笑容清新。她在我心裡，一直是快樂的女孩，曾經的我們穿過擁擠嘈雜的人群，穿過川流不息的車輛，穿過肆虐的陽光和飛揚的塵土，向前走。現實中，她用清澈又帶點欣喜和探詢的目光看著我時，我就知道，她是那麼用心的生活。

如今，我突然感到時光滔滔，我們一起看歲月變遷、人世紛繁，一起唱年年歲歲、今朝明天。她給我的感動，那些一瞬，也是永久。我想對洋說：「希望妳永遠幸福。」我想她一定會笑起來，像個孩子似的。這麼多年以來，我們不濃烈、不稀薄，不離不棄得恰到好處。

很多朋友的鼓勵，給了我勇氣，讓我自己去種植並經營人生裡的美好。只是，總要等到過了很久，才知道我們曾經歷的東西，在往後的日子裡，會成為我們繼續跋涉的理由；無論晴天雨天，都成了我們心底小小的紀念。

四季輪迴，願所有人都能夠勇敢的去愛著生活。無論走多遠，都會帶著自己最初的信仰。

有人說，選擇最適合自己的方向，一意孤行走下去，就能找到生命中最確定的訊息——**那些相似的人或事物終會走到一起，那些不相似的人或事物，終會背道而馳。**

我和別人談起的，還有現在生活的這座城市。這座城市像是一個溫柔恬靜的少年，有著清秀的眉眼、大大方方的爽朗，臉上常常掛著一抹恬淡的微笑，讓人看著看著，心就不由得平靜下來。

或許它不如一線城市的繁華富麗、燈紅酒綠，讓人不知不覺晃花了眼，暈了心；也不像是貧瘠的小城市，讓人們活得貧乏，勞碌得像一塊鐵，失去快樂的能力。它就像是一塊不斷被描繪的圖畫，繡出一團和氣，也像是千樹萬樹的梨花，不斷盛開。

或許生活最好的狀態，很簡單……不管飄蕩多少年，不管富貴或者貧窮，只要每天清晨按時醒來，有一杯熱氣騰騰的牛奶，有事做，有人愛；你的眼神依然清澈，你依舊可以在複雜的社會中像奔跑的小鹿，也不必沉溺於浮名如迷途的羔羊——你只是一個願意關愛他人、也被他人呵護著的人。

即使生活中有那麼多不如意，心裡卻總會有那麼一個地方、一扇明媚，只為撫慰你所受過的傷，等待你重新出發後的歸來。

樹梢上最後一片葉子悄無聲息的變綠了，安穩的躺在路過行人的視線裡。穿著平底鞋走在路面上，有溫溫的陽光暖意；雲在藍天裡緩緩轉悠，被風剝開一層層白色的柔軟，瞬間清亮了整個世界。

在陽光熾烈之前晒晒太陽，清晨起來為植物澆澆水，雖然每天的開始並沒有什麼不同，但是季節的改變，讓一切充滿生機，柵欄外的那些花兒都開了。

我想對很久都沒聯繫的你說一聲：「別來無恙？」

我們好久不見，我們誠意滿滿。

7 愛自己，是終身不會結束的戀情

我在公司整理檔案的時候，想起剛被分手的默默，曾經那麼相愛的兩個人，一下子就分開了。擔心她一個人難過得不想吃東西，於是我打了電話給她，約她出來吃飯。

總覺得，經歷一場戀愛，女孩子總是更傷感一些。有些為情所困的女生，不是從吃貨變成一個厭食症患者，就是從原本膚白貌美的小姑娘，變成頭髮油膩的粗糙大姐。她們自暴自棄，自我摧毀。

電話撥通之後，我語氣溫和的問默默：「明天週末，一起去吃個飯嗎？」她在電話一頭大笑道：「感謝妳，總有人在我成為胖子的道路上，助我一臂之力。」

聽她說完，我不禁感慨她好像心情不受影響，轉念一想：「或許受的刺激太大，所以先用吃來麻痺自己。」

第二天，我見到她，依舊是之前華麗的模樣，不僅妝容精緻，而且絲毫看不出失戀的疲倦。

「失戀不難過嗎？」我問她。明明之前說好，要走到婚禮紅毯那一天的。

「難過呀，可是越難過，才越要讓自己對得起自己，愛自己是終身不會結束的戀情。」默默的語氣很堅定。

她繼續說：「剛分手的時候，我覺得我要死了，無法再面對每天醒來的那一刻，覺得腦子裡，甚至呼吸裡都有他。不過，後來我想通了，我們相遇一場，雖然無法走到終點，但我們都給了對方那麼多好的回憶。無法走下去，自有無法走下去的苦楚，唯有變成更好的人，才對得起自己。」

我想起中國女演員宋丹丹說的一段話：

「**我覺得跟誰在一起舒服就在一起，包括朋友，我累了我就躲遠了**。你喜歡我、我喜歡你，我們就在一起；我們都不喜歡，千萬不要在一起。人要經歷苦，不要害怕失敗，真的，福兮禍所伏，禍兮福所倚。

「我有一陣子特別絕望，但我回頭看，我以為我的每一步都是坎坷，其實每一步對我來說，都是在上臺階，讓我成為今天的我。幹麼要挽留呢？我不挽留任何人，任何人不願意和我在一起，都可以有他們的自由，再見，不遠送。」

我大學有個學姐，長得很美，但是有先天小兒麻痺症，走路一瘸一拐，很多時候都有人投來異樣的目光。

後來有一個男孩開始追求她，他們開始戀愛，我總能在校園的某一個角落看到他們。男孩沒有女孩高，但走路時總是小心翼翼的扶著她，他們就這樣一起去食堂，一起自習。

當時我還暗暗羨慕學姐能夠遇到真愛，但可能是因為別人異樣的眼光，也可能因為彼此個性不合，沒過多久，男孩和學姐分手了。

本以為學姐一定會就此消沉，沒想到她卻活得更勇敢，不僅學校的演講比賽有她，主持人大賽也有她。走路不便的她說起話來，總是鏗鏘有力、打動人心。

除此之外，學姐並沒有因為自身殘缺就躲在人後。她喜歡穿長及腳踝的連身裙，不走路的時候，根本看不出腿部的缺陷，每次都美美的出現在校園的圖書館和自習室。漸漸的，人們的非議少了，取而代之的是羨慕和認可的讚美。

我時不時會看到她發的社群動態，得知她已經嫁了人，還生了健康的寶寶。她說，正因為之前的那場戀愛，才教會她無論何時，都要做好自己；越在意別人的評價，越早失去愛情。

那些錯過的人，都是生命中的插曲，也正是因為這些插曲存在，才能有更完整的旋律。對於愛情，我們遇到的人，都教會我們變得強大。

安軒和女友遠距離戀愛三年分手。

他說，他羨慕那些和她在同一個城市的人，可以和她擦肩而過，乘坐同一輛地鐵，走同一條路，看同一處風景，甚至可以在洶湧的人潮中不小心踩到一腳後說「對不起」，再聽到「沒關係」。他們那麼幸運，而他只能在異地對她說一聲：「照顧好自己。」

二〇一五，八月長安[26]在上節目《天天向上》時，以玩遊戲的形式被一個北京大學的師弟表白：

「相愛的兩個人總要有一些相似的地方，他們可能喜歡一樣的風景，可能喜歡一樣的菜。我們都在同一個園子（兩人都讀北京大學）裡面待過，雖然不在同一個時空裡，但是總見過一樣的事情，吃過一樣的飯，吃過一樣的菜；所以我想為什麼會在人群中第一眼看到妳，可能就是這種共同的東西，抓住了我的眼睛。

「這種感覺醞釀得越來越久，讓我看到妳時，總想到，我住過的那個園子、那些風景、那些過往的經歷。所以我希望，妳在我身邊，讓這種感覺一直長久下去，直到沒有盡頭。」

八月長安這樣回答：「我十分感動，但是，這個園子裡面可能有幾萬個人，**幾萬個人當中有你也有我，或許我不應該停下尋找的腳步**。單方面的愛太過熾烈，

26 中國女作家，北京大學和早稻田大學雙學士。

就相當於在逼對方作惡，請你不要逼我做一個壞人。」

這只是一個遊戲環節，但是現實中的愛情，有多少會讓對方感到束縛和不快樂？他說他要和妳共白頭，妳染完他又說妳非主流。

他有他的清風醉酒，妳有妳的烈風自由。不要強求不合適的愛情，陽光很好，我們各有各的路要走。

第六章

願你一生可愛，一生被愛

1 世上最好的愛情，從遇見自己開始

很多次，我都聽到這樣的話：「我和他終究還是錯過了。」

就像是喝飲料終於中獎，歡天喜地的拿著瓶蓋找老闆，老闆卻說：「不好意思，活動已經截止了。」也像是你喜歡一個人很久，終於有一天向對方表白，對方卻說：「不好意思，我已經有對象了。」

曾聽一個女孩說：「想來想去，還是努力賺錢更實際，不然心情不好時，只能買兩瓶啤酒、一袋肉乾，坐在路邊哭。努力賺錢的話，就能躺在幽美的山中溫泉間，敷著面膜流眼淚，還可以去紐約哭、去倫敦哭、去巴黎哭、去羅馬哭，想怎麼哭就怎麼哭。」

我想起幾年前，我和幾位作家前輩去大學校園裡，向同學們分享如何閱讀和寫作。互動提問時間，有個女孩舉手問我：「怎麼跟自己喜歡的人表白？」惹得全場同學哈哈大笑，而我也只是很片面的告訴她：「只要喜歡，就勇敢去表白，不要怕被拒絕。」

但是現在，再想到這個問題，我會說——有時候，我們喜歡的不是某個人，而是屬於我們自己的方向。你要了解那個最真實的自己，然後經營好自己，不管外貌與條件，只要肯沉下心來，認真過好每一天，那麼時間終究會讓對的人，站在你面前。

當我們喜歡上一個人，眼裡眉間都想要長成對方喜歡的樣子，可偏偏有時候那個人會說：執子之手，如同豬腳。

但是，如果真的彼此相愛，即使長成豬腳，在對方眼中，也是清新脫俗，還想要向心愛之人證明：你鞋有多大，我腳就有多大，我們怎麼樣都很配。

我在網路上看到一個帖子，發帖人問：「女朋友腳太大，該不該分手？」

我好奇的點開，才知道男方要買鞋給女方，問女方腳多大，一聽女方回二十三公分，男方就說一直以為女方腳才二十二公分，原來有這麼大，不喜歡。

帖子下的評論大都很憤慨。

A說：「我以二十五公分的腳一腳下去，能把他踹得不孕不育。」

B說：「那我腳踝底下的大概不是腳，是船。」

C說：「穿了這麼多年二十六．五公分的鞋怎麼啦？一直買男鞋怎麼啦？不知道腳大穩江山啊！」

對於這個話題，我極有發言權，因為我的腳真的很大，每次逛街看到漂亮鞋子，總會想試一試，但是小高跟鞋穿在我腳上，瞬間就像塞了很多食物的倉鼠嘴巴，圓鼓鼓的沒了造型；精緻的繫帶涼鞋，也被我穿得像是綁上網袋的大麵包。

我承認現實中我的腳太大，穿不下童話裡的玻璃鞋，幸好我遇到了那個對我最好的人。所有的嫌棄都是在為「不愛」找理由，有時候他說喜歡妳，又沒說只喜歡妳。

我認識一個女生，長得漂亮，身材很好，而且性格溫柔、工作上進，堪稱現實中的完美女神。

她喜歡閱讀和健身，外在和內在皆努力成長；而她的男朋友也是一個很帥、很有品質的人。他們一同去旅行，一同搞怪，一同看日月星辰。這個女生說：「我崇拜他如英雄，他寵愛我似孩童。」

這讓我想起香港女演員胡杏兒說過的一句話：「我的前前任和前任都很棒，他們一個教我做溫柔的女人，一個教我做成熟的大人，但我最喜歡現任，**他教我做回小孩。**」

世界上最好的愛情，是從遇見自己開始的。

嘉禾剛滿二十六歲，成立了自己的廣告公司。三年前，她二十三歲，是一間不知名大學畢業的普通文科小妹，沒有任何背景，沒有離開過家鄉半步，沒有出色的成績，體育課也沒及格過，更沒有拿過半次獎學金。此外，她說話聲音低低的，整體形象就是個不諳世事的年輕小實習生。

可是畢業後，在沒有任何經驗的狀況下，她決定自己創業。她身邊的人，沒有一個理解她的決定，都說她瘋了，憑她這樣的背景，而且讀的是一個離奇古怪的科系、一間不好不壞的學校，創業會死得很慘。還說她不過是一時衝動，最後能畢業又找到工作就不錯了，如果真的能成功，就是走狗屎運了。

她說：「的確，我有狗吃屎的運氣，但我也有狗吃屎都吃不完的毅力。」當時直覺告訴她，應該做自己喜歡做的事情，她要看看真實的自己，到底有多少實力。她決定給自己兩年，如果失敗了，不就只是重新再來嗎？反正有手有腳，又不會餓死。

就這樣，地獄般的生活開始了，就跟有些創業者一樣，剛開始的生活都不是人過的。為別人打工時，你的生活是生活，工作是工作；一旦創業，你的生活將與工作合而為一，如此堅持了兩年，嘉禾失敗了。

嘉禾表示，失敗之後，反而明白怎麼善待自己的夢想，不再像尖銳的冰錐一樣，把生活捅出個大窟窿；在生活面前，自己的內心更柔軟了，更懂得如何去掌控自己的人生。

雖然創業失敗，但嘉禾在創業途中遇到了自己的愛情。他們是一同創業的夥伴，他被她的勇敢堅韌所打動，她也欣賞他的果斷和包容。

第三年，他們帶著前兩年失敗的創業經驗，重新開了一家小型廣告公司，經營得風生水起。

我看過一則新聞：美國女子克莉絲蒂（Kristi Loyall）的右腳罹患上皮樣肉瘤，截肢是唯一阻止擴散的方法。她詢問了是否可以留下自己的斷肢作為紀念，得到肯定的答覆後她等了一個月，終於與截下的右腳再次見面，這時右腳已經清理過並重新組裝固定。後來，她走到哪就把右腳帶到哪，陪著她一起看山川河流、日出日落。

我們的生命僅只一次，請在有限的時間內，成為更好的自己；所謂「更好」並不是指外在形式，而是我們內心的收穫。善待生活，願你能愛人也有人愛。

有個女孩說，國中上國文課時，她的作文被當作範文讀出來，題目是「天使的微笑」。同學們那時候聽到題目就開始起鬨，意味深長的看著當時喜歡她的那個男生。待起完鬨，女孩看向窗邊的他，斜陽正好照在他臉上，他則低頭微笑著。

女孩永遠記得那一幕。如同，最好愛情的開始。

2

世上最動人的情話：「我一直在」

世界上最動人的情話不是「我愛你」，而是「我一直在」。

一如作家錢鍾書寫給情人楊絳的一段話：

遇見妳之前，我從沒想過結婚；遇見妳之後，我結婚這事從來沒想過別人。

我在網路上看到一對戀人相愛十年，其間經歷遠距離九年，最後從校服走到婚紗。他們再次證明，再遠的距離和時間，終將敗給愛情。

有人問女方：「妳在何時決定非他不嫁的？」

她說：「有一次大熱天，我們去看房子的時候，涼鞋把我的腳磨破了，他就去買了冰的飲料和ＯＫ繃，然後把飲料打開給我，再蹲下去幫我貼ＯＫ繃。超市門口人那麼多，我都不好意思了，他只一臉心疼的看著我的腳；當時看著他出汗的額頭，我就決定是他了。」

她說：「夏天的晚上，我穿短褲和他在外面吃東西，結果被蚊子叮到滿腿都是包，他於是捲起褲管心疼的說：『該死的蚊子來叮我，別叮我老婆。』大概是那一刻，我就決定是他了。」

她說：「他離我有八百七十二公里遠，有一次我只是睡前說了一句：『想你了。』他就搭乘半夜一點多的飛機來找我，然後緊緊抱住我。」

她說：「我希望我們以後的房子不用太大，陽臺有草有花，中午可以晒著太陽睡在躺椅上，偶爾鬧鬧脾氣，我哭，你哄，你怒，我聾。我們記性都差，吵了架別過臉就忘了。平時踏著夕陽西下，一路上聊得嘻嘻哈哈。」

三十歲那年，依舊單身的井姐還是一名上市公司的精英白領，化著精緻的妝容，穿著幹練的正裝，做著忙碌的空中飛人。突然，她辭職了，毫無徵兆。

她說：「其實工作的煩瑣，並不會讓我想辭職，只是總有一個想法，在我的腦海不時閃過——遠方肯定還有另一個我，在等著我去與她相遇。」

辭職第二天，井姐背上包，去了甘肅省南部的郎木寺鎮。當她到了那裡，那種安寧讓她倍感安心。

也許郎木寺鎮已在這裡等了她千年，也註定有一場緣分等著她。就在她剛到的時候，一個高個兒站在她眼前：「妳好，我幫妳拎箱子吧。」抬頭望一眼，便是一眼萬年的愛戀。

後來他們相愛了，留在郎木寺鎮，開了一間屬於他們自己的旅店。

「留在偏遠的地方，不後悔嗎？」、「僅僅是路上認識的人，不怕他靠不住嗎？」、「都這把年紀了，還相信一見鍾情嗎？」各式各樣的疑問紛紛湧來。

井姐的回答也從沒變過：「一生那麼短，何曾想過明天會是什麼樣子？**我愛他也就相信他，我覺得值得就去做了。**」他們親自搭建、改造旅店，井姐說這樣改造的房子，才像自己的家。最終旅店受到很多客人讚賞，來自天南海北的人，來自天南海北的感動。

以前的井姐總是忙碌，卻覺得自己碌碌無為；現在的她內心寧靜，連在自己的家門口發呆，都能坐一整個下午。曾經光鮮亮麗、眾人簇擁，不如現在的布衣布裙，卻有愛人相伴左右。

有人問：「三十歲，談一場瘋狂的戀愛，還晚嗎？」

有人回答：「聽從自己內心的聲音，什麼時候都不晚。」

我認識一個女生，很胖，但是也很美。因為她有很愛她的男友。

她男友對其他人說：「我就是要把她寵上天，胖一點才表示她心情好，胃口好。」他說的一點都沒錯，之前這個女生很瘦，但在遇到他之後，整個人就像是一根五顏六色的棒棒糖，每天都眉眼帶笑、笑容燦爛。

她爬山扭傷腳，他背著她從山上走下來，明明感覺自己膝蓋都要壞了，還笑嘻嘻的說：「下次要小心。」

她吃魚卡到喉嚨，他第一時間把她送到醫院，儘管最後醫生說是虛驚一場，但之後每次吃魚，他都會幫她把魚刺挑出來。

她喜歡唱歌，他陪她扯著嗓子在KTV瘋唱；她喜歡吃紅燒肉，他就去網路上查食譜做給她吃。

總之，我們看到那個被寵上天的女生，在每天的吃喝玩樂中，好像也變得更有魅力，為了另一半將自己裝扮得更美。這大概就是**愛情最好的樣子，讓彼此都成為更好的人**。

電視劇《大明宮詞》中，十四歲的太平公主初遇薛紹那夜，面具下那張臉，讓她永生難忘；那一刻，整個長安的夜色，也不及他眼裡的波光。後來她用所有熱情去愛他，可是他的愛已經給了慧娘，只能處處對她刻薄、冷漠。

再後來，面對她的好，他不堪心裡的掙扎，死在了她懷裡……兩人雖近如唇齒卻又隔著距離，觸不可及。

如果十四歲那年他們只是遇見一下，此後再無交集，人生若只如初見，多好。他繼續和慧娘長相廝守，她繼續做她的太平公主，兩個世界再無相侵，至於愛情，沒有開始，便沒有結束。

但對於她來說，**她寧願一開始遇到的還是他，哪怕愛過之後會失去，**哪怕他從來沒有愛過她……。

願那個為你赴湯蹈火的人就在你身邊，或是正在趕來的路上。

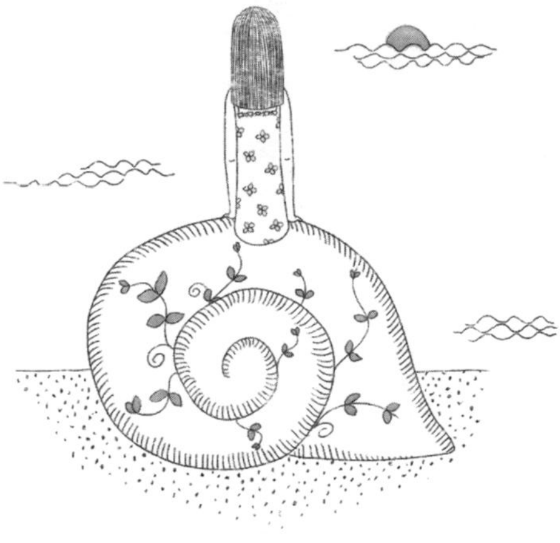

3 珍愛生命，遠離渣男

一個讀大學的男孩，和女朋友遠距離戀愛。他平常的零用錢都用來打遊戲，女友則已經開始工作，是一名幼兒園老師。

春節期間，男孩把女友給他的錢都用在遊戲上，連回家的機票也買不起。校園記者站看他無法回家，決定幫助他，替他買了回家的機票，給女友一個驚喜。

他說，女友薪水不高，但最近常匯錢給他，聯繫得也沒有之前那麼頻繁，他懷疑女友劈腿或是被人包養。

記者站的同學陪他坐飛機到女孩所在的城市，晚上八點到了女孩家門口。敲門後，應門的是女孩的爸爸，說她不在家，在附近的徒步區。

同學們遠遠在徒步區發現女孩在擺地攤，賣一些布偶玩具。就在所有人看著她因天冷而不停搓手，並且為之感動的時候，男孩出現了。他很生氣的對女孩說：「妳在幹什麼？為什麼不上班？」

女孩說：「我被解僱了，所以在這裡擺地攤賺錢。」

男孩怒斥：「妳怎麼可以這樣！要是被我的親戚朋友看到怎麼辦？我們分手吧。」說完轉身就走，留下女孩在凜冽寒風中低頭痛哭。

有人對此評論：「你又窮又懶又自私，活該沒有女朋友。」然而對女孩來說，這樣的評論又有什麼用呢？有些愛情，讓人心酸，他明明對妳沒那麼好，卻自認為已經傾盡全部。

對於那樣的他，請大聲的對他說：有多遠，滾多遠。

好女孩，務必珍愛生命，**遠離那些自以為愛妳、但根本不愛妳的男人**。

KTV裡，另一個男孩喝了很多酒，拿出電話打給不知道前幾任的女朋友。當電話通了，他哭著說：「我好想妳。」但第二天，他依舊在社群平臺晒著和現任小女友的甜蜜照。

一個男人如果真的喜歡妳，無論他多內向、多不解風情，無論他是十八歲還是四十歲，一定會時刻在意妳，不會讓妳傷心，更不會那麼自私。

如果他只顧自己，那不是天性，只能說明他沒那麼愛妳。如果他沒有那麼愛妳，請保持妳的矜持和驕傲，離開他，**不要為他的不愛找藉口**，騙自己「他太忙了」、「他這個人就這樣」、「他只是脾氣有點大」。

如果一個男人沒有能力控制自己的情緒，那要怎麼掌控好自己的人生？如果他在意妳，哪怕萬水千山也會瞬間奔來。

我看過有個帖子詢問網友：遇到哪個瞬間，讓你覺得談戀愛真累？

A說：「當我每天發訊息，結果對方一天回覆不超過五句，每句不超過十個字的時候；當出來吃飯，一句話都不說就擺臭臉時；當一個星期都不肯見一面時；當大冬天送東西到樓下，結果不管打幾通電話都不接時……。」

B說：「當劈里啪啦說一大堆自己的感慨，而他只說一個『哦』，甚至直接不回，隔著螢幕都覺得尷尬。而且電話通了就沉默，只會對我說：『妳說話啊，只有我有嘴巴嗎？』」

喜歡這種東西，即使捂住嘴巴，還是會從眼睛裡跑出來。

有人說，所有不再鍾情的愛人、漸行漸遠的朋友、不相為謀的知己，都是**當年我在茫茫人海中唯獨看到你，如今我再將你好好還回人海中**。

我們班上的班草號稱絕不結婚，但現在他的孩子都五、六歲了，大家不禁好奇的問班草，究竟是什麼樣的女生能收服他。

班草回憶了當年求婚的場景：當時女友生日，她吃著蛋糕，突然吃到一枚戒指，隨即害羞的對他說：「我願意嫁給你。」後來兩人就結婚了。

同學們聽了表示真浪漫，他說：「對吧，誰能拒絕一個自己掏錢買戒指藏在蛋糕裡的女生啊！」

是啊，如果一個女人真的愛你，哪怕低到塵土裡，也會開出美麗的花來。

我曾看到一個男人發了則動態：

碰到前女友一個人在超市挑特價菜，就像很久之前看見她的那一次，她大著肚子，在進口食品專櫃前看了半天，連盒優酪乳都捨不得買。不懂，我曾經那麼寶貝的一個人，怎麼在別人那裡，就什麼也不是了？

有的女人，總是會被渣男吸引，寧願做撲火的飛蛾。然而好的愛情，不是有多少財富，而是有多少互動的甜蜜。

有人在超市裡看到一對年輕小夫妻，帶著三歲的兒子買東西。兒子坐在購物車裡嘟囔著要吃這個，媽媽則拉著爸爸說想吃那個，爸爸便低頭對兒子說：「兒子乖，媽媽還小，我們都讓著媽媽，先去買給她。」目睹的人瞬間覺得甜蜜死了。

懂得對自己愛的人好，也懂得好好愛自己的人，才配擁有真正的愛情。

4

向前走，也別忘記回首初衷

很多時候，我們都要停下來想一想，我們將要繼續下去的夢想和生活，是不是我們心裡真正想要的。畢竟不是盲目前行，就能帶來我們想要的快樂。

那個叫維多利婭．多克塞爾（Victoire Dauxerre）的女生是一九九二年出生的，來自法國。她曾經是一位頗有名氣的國際超模，擁有全世界最令人羨慕的好身材。然而，當無數榮譽和金錢向她湧來時，她卻選擇放棄那光鮮亮麗的一切。

十七歲那年，維多利婭還是個活潑開朗的學生，在一次放學的路上，她被星探發掘，說服她去當模特兒。隨後，她開始了自己的模特兒之旅，不到三年時間，就成為全世界排名前二十的國際超模。

維多利婭成功躋身於國際一線模特兒行列，經紀公司對她的要求也不斷提高。

某次，為了趕在紐約時裝週前，穿上美國女裝最小尺寸，再加上有合約在身，很多時候她必須盡力配合公司的要求，所以那時，她的經紀公司直接讓她近乎絕食的過了幾週。

她回憶：「我每天只能吃三個蘋果，就連水都不能多喝，偶爾喝一些沒有熱量的可樂，還經常要吃各種瀉藥和灌腸藥。」這些藥不僅讓她上吐下瀉，還讓她得到嚴重的厭食症。醫生表示她雖然才二十三歲，但皮膚狀態大約在五十歲，骨齡更是高達七十歲。

每當看到鏡子裡骨瘦如柴的自己，她都無比討厭自己的身體。入行五年，最後她選擇在一片惋惜中，結束了自己的職業超模生涯。

維多利婭說：「很多人都只看到我在伸展臺上精彩的瞬間，卻不知道我遭受的這些非人待遇……如果可以重新選擇的話，十七歲那年，我會繼續做那個天真爛漫的小女生，每天背著書包去上學，或者和自己青梅竹馬的男孩，談一次刻骨銘心的戀愛……。」

韓寒執導電影《乘風破浪》時，把故事設定在一九九八年，那一年，他尚未成名，世事的風浪還沒波及那名少年。他說，那年，自己還是輕鬆一點。

一九九九年，韓寒獲得首屆新概念作文大賽的一等獎而成名；二〇〇〇年，離開學校的他躲進了亭林鎮。有記者如此描寫當時孤獨的韓寒：「每天他騎著一輛摩托車在小鎮上開過每一條馬路，從出租店裡租影片，回家看完第二天又還回去。夜裡他四處尋找燈光球場，跟一群成年人蹭球踢。他每天都期待週末來臨，因為他所有的朋友都還在學校裡面。」

在《乘風破浪》上映前，韓寒寫了一篇文章，有一句是這樣的：「我半個人生都活在是非爭議和風浪飄搖之中，雖然刺激，但也有些厭倦。」

就像他在二〇一三年發的那則動態：「我最懷念某年，空氣自由新鮮，遠山和炊煙，狗和田野，我沉睡一夏天。」

我們有多少次想要穿越回去，找到那個最初的自己？

比如《乘風破浪》的主角，從二〇二二年穿越回一九九八年，跟和自己一樣大的老爸、老媽勾肩搭背，一起喝酒，一起吃火鍋，一起吹牛。不過二十幾年的時間，曾經自覺在舞臺中央肆意奔跑的人，逐漸落寞了；曾經失意黯然、毫無話語地位的角落中人，卻走上了風口浪尖。

鄭楓曾是鳳凰衛視記者、策劃、編導，也曾擔任香港健康衛視節目部總監，編過暢銷書籍，演過藝術電影，浪遊過許多國家，三十四歲前似乎實現了很多夢想。三十四歲後，她作為一個單親媽媽，帶著六歲的兒子，開始了一段新的人生。

她說：「人生是否能一直如願，以前我很少思考這些問題，幾乎所有人生大事的發生都如我所想。比如，大學畢業之後，我想去法國，就去了；去之前，我告訴自己，等我回國後，我要進鳳凰衛視。

「留法第二年，當身邊學法語的同學都踏踏實實上了專業課程時，我一個電話，自薦進了鳳凰衛視巴黎記者站，由此開始了我的工作生涯；一年後，我又如願進了鳳凰衛視深圳總部。再比如，大概二十歲的時候，我告訴自己，二十八歲生個孩子吧，恰好，二十八歲就如願懷孕生子。又比如，我喜歡寫文字，後來就真的有機會寫作。」

可是三十三歲時，她覺得生活越過越不舒服。之後她離婚，辭職帶著兒子去了雲南大理。

在大理一年的「散漫自由時光」，於她，是用不一樣的生活來調節自己，也想給兒子一個和大自然真正親密接觸的機會。她看著孩子光腳跑著，隨意躺在土地上，任由泥巴沾滿全身，還在樹上上躥下跳，她則種菜摘菜。那裡整個幼兒園除了地，就只有一間玻璃房，供孩子們看書、做手工、休息，還有一間小木屋作為廚房和小食堂，然後，沒了。

就是在這種最自然純粹的氛圍裡，她和兒子得到了最自然的趣味和歡樂。

我們有時候很常聽到一句話：「時間就像海綿裡的水，擠一擠還是有的。」也有女生風趣的說：「乳溝就像海綿裡的水，擠一擠還是有的。」而我想說，我們要**把生活過成海綿，不管什麼時候都充滿彈性**，而不是像蛋殼一樣一摔就破。

任何一株花草樹木都不急，萬物從容。在一年中它們都要開花一次，各自有屬於自己最美麗的瞬間，不提前也不滯後，不慌不忙，從容不迫。它們都知道，造物主早就安排好了。

所以，在我們前行的時候，**不要總是想著馬上走到終點，還要好好看一看沿途的風景**，不要讓最初的那個你，認不出現在的自己。時間總是把你最好的樣子，都留在最初；而我們，也要和最初的那個自己一路同行。

敬往事一杯酒，我們都會想回頭看看那個眼神最清澈的自己，然後說一聲：「不要怕，任何時候你都不是孤身一人，你還有最初最美的記憶。」

5

陽光和夢想都在，就是我想要的未來

我的性格曾有個明顯的弱點：太拘謹，放不開。

有時候，我會突然想起自己的少年時代，好像昨天還是穿著校服、趴在欄杆上以四十五度角仰望天空的小屁孩，在媽媽的監督下寫寒假作業；再一回頭會發現，時間就像穿越一樣到了現在。

現在的我，連送快遞的大哥看到都叫「大姐」，好幾次我都想問送貨大哥：「我有那麼老嗎？」

我好像已經過了動不動就流眼淚的年紀，也漸漸明白自己是一個大人的現實。雖然嘴裡還高喊著青春無敵，可是一笑，赫然發現魚尾紋長得枝繁葉茂，貼了面膜都無濟於事，只能靠一鍵美肌。

國中時，我沉默寡言，一個學期除了同桌以外，和其他同學說過幾句話，屈指可數。高中時，我澈底成了理科白痴，只要有數字出現，全靠瞎猜，而且猜對的機率特別低。

在那些年裡，我已經習慣旁人對我說：「這孩子聽話又內向，有女生該有的樣子。」我卻在後來的日子裡感觸到，「聽話」是好孩子的共同特性，但絕對不是人生唯一的標籤，更不是女孩子的標準模樣。

如果有人問我：「那些艱難的歲月，妳是怎麼熬過來的？」我想我只有一句話：「我有一種強大的精神力量支撐著，這種力量叫做『想死又不敢死』。」

從小到大，我周圍大都是陽光開朗的女孩子，我喜歡她們直接爽朗的性格。她們總是對我說：「有什麼事就說出來，不要憋在心裡，小心憋出內傷。」她們也說：「我說了這麼多，結果妳只回了一個『哦』字，妳是不是以為我會通靈？」她們還說：「我說話就是這麼直接，妳別介意啊。」

她們之中的大多數人，其實沒什麼跟我聯繫。而有些感動大概就是，這一路上你以為自己孤獨前行、受盡風霜，**其實你每走一步，都有人為你把風霜掃遠一**

些，讓你的霜葉紅於她們的二月花。

這一生我們會遇到很多人，有的人一路相隨，有的人中途離散，但是，他們都曾出現在你的生命中，就是你獨一無二的記憶。

我常說，時間教會我認清自己，朋友也常問我：「怎樣才能活成自己想要的樣子？」其實真的很難。

有個作者的讀者傳訊息給她：「妳知道嗎？我以前是個很怕老的人，怕年輕的資本沒了，怕變得俗氣，怕不能愛了，也怕不能被愛了。可是那晚我看到妳，我不怕了。如果我三十歲時，可以跟妳一樣，而不是四下逃竄、狼狽不已，既不是數落婆婆的庸婦，也不必心驚膽跳的追著老公的手機……。」

其實收到訊息的這個作者，最近疲憊盡出，眼眶發澀。每個三十歲還能活得寂靜體面的女人，其背後的雞零狗碎，你哪裡看得見？可是，我們不都是這樣一路走來的嗎？

就像中國偶像劇《歡樂頌》裡說的，生活雖然一地雞毛，但仍要歡歌高進，成長之路雖有玫瑰、有荊棘，但什麼都不能阻擋堅強的心。

其實我在學生時代，一直都像是裝在袋子裡的人，總是活在自己的小世界中。我曾經對很多事情都沒有信心，例如數學試卷上大大的紅色叉叉，讓我覺得人生有那麼多的不如意和無法超越。

可即使在最糟糕的時刻，我仍抱著想死又不敢死的想法，像是個戰士一樣背誦：「生命每人只有一次，人的一生應當這樣度過：當他回憶往事的時候，他**不會因為虛度年華而悔恨，也不會因為碌碌無為而羞愧**[27]……。」然後自己捧著政治書坐在檯燈下，不知道什麼時候呼呼睡著。

更讓我覺得自欺欺人的是，我竟然覺得自己很拚命，每天熬夜讀書到那麼晚，其實每晚不小心睡著的次數更多。

待我年齡再大一些，更明白如何與人溝通，雖然還是容易拘謹，但已經好很多了。而且我懂得從哪裡跌倒，就從哪裡躺下，休息好了再站起來，不再逞強。

老師說，**所有的問題都不需要解決，時間一過，它自然就走了**。從前常以為，生活一定要過得風生水起、五光十色才幸福，後來發現按照我們的節奏，一步一腳印，才是最真實的。

曾經，有個讀者留言給我：

大年初一看完二〇一七年的第一本書，就是妳的《活成自己喜歡的樣子》[28]。謝謝，這一晚綿綿砥礪心靈的文字、燈光下母親熟睡的模樣、父親震耳的呼嚕聲，我感恩並且珍惜，也重新去活出一個清晰的自己，有著喜歡的模樣。

也有人問過我：「這些年來，妳寫文字不會感到疲憊嗎？」我給不出一個特別準確的答案。因為過程中，有時真的會疲憊，但最後看到文字成為一篇文章，我都會在心裡歡呼雀躍一下子。

我最大的夢想不是文字被所有人欣賞，而是能夠一直做自己喜歡做的事情。

27 出自《鋼鐵是怎樣煉成的》（*How the Steel Was Tempered*），作者是蘇聯作家尼古拉・奧斯特洛夫斯基（Nikolai Ostrovsky），完成於一九三三年。

28 本書作者易小宛的首部作品，出版於二〇一六年八月。

我也喜歡自己生活的這座城市，影像在抽象的交融滲透中，彰顯出時空的另一種美，如同水墨畫不拘泥於山水風景的臨摹寫實。

有時我會突然明白，為何那麼多人都在清晨開始一天的好心情，即使忙碌，即使辛苦，都會行走在奮鬥的路途上神采奕奕，如同落在清晨的露珠上，或者落在清脆的瓷器上，行走有聲。

想起幾年前，我前往一處拆遷地，途中下過小雨，塵土被輕柔覆蓋。大部分住戶已經搬離，有些院子的大門上方有推砌出的「吉」字，整條街道都充滿了古舊的氣息。

我的手指撫摸過厚重粗糙的牆面，心裡開出一朵無名花。這裡的人們就活在這片地域形成的水墨畫裡，每一處院落裡都居住著多戶人家。四周撫平的泛黃歲月裡，勞碌樸實的人們串聯在一起，讓人想起蒲公英隨遇而安的平和。

我想到了那片土地拆遷後的樣子，彷彿能看到時光的影像，眼前是一大片被拆掉的現場。一條又一條曲折蜿蜒的街道，宛如奔流的溪泉，唱著充滿夢想又平淡至極的歌曲。

當然，我能看到的遠遠不只這些——瑣碎流離的歲月一度在人們內心凝結，這裡曾經窮困衰敗，那是一些隱祕的部分，與生活的大起大落不同，它們更趨近於在無人時分暗自回顧。

工作人員跟我說：「簽完了搬遷協議，人們問一位老太太看到新家的感受，她說上廁所終於不怕凍到屁股了。但她在最後一天回去搬家的時候說：『讓我再看一眼上梁……住了這麼多年，我再看一眼，一眼過後我就走了。』」

「我再看一眼就走了」，我聽到這句話的時候，內心波瀾起伏。世世代代在這裡生活的人們，那麼多的不捨和留戀，都要化作歷史了。

這片土地沒有光彩照人，但是讓來這裡的人都能感覺到平靜；它以它此生的滄桑，熾熱的溫了一壺老酒，和時光來一場空前未有的對話。

我推開其中一座完整院落的屋門，看見陽光照進窗櫺，一格一格的。旁邊有一隻貓，長著胖乎乎的臉，圓溜溜的眼睛直盯著窗外，一個呵欠過後便用貓掌洗起了臉。

小院落裡頭有年代久遠、尚帶有燈盤的燈泡，還有沒電時用來搧風點火的風箱、提炭用的笸籮[29]。生活格調似乎很清晰，然而即使是那樣清晰的畫面，也漸漸成為歷史，到後來，連帶著人情味，也都歸於新生。

你看，那片熱鬧貧瘠的土地突然平息下來，其喧鬧嘈雜在某一刻回歸平靜。來來往往的行人走在這片將要消失成記憶的棚戶區，那房子、那雲端、那枝葉、那光景，從地面劃過。

有些人站在已經推倒的凌亂磚土上仰望天空，他們順著第一縷陽光而來，風再大也刺穿不了堅實的皮膚。

回頭看看現實，就是有這麼多事與願違，正如我的腳太大，根本穿不下童話裡的水晶鞋。但我還是找到了自己的神筆馬良，他用愛情的畫筆，替我描繪了很多美好。

從前我覺得，做任何事一定要拿「優」才是最好的；後來才發現，你的得分根本判定不了你的未來，這一階段的人生，也無法代替你下一階段的人生。

如果你此刻正值人生低谷，迷茫、失落、消沉，請不要怕，把它當作一場考試，它很快就會過去，因為下一次考試還等著你進入考場。只要有權利進場，得多少分都不重要；重要的是，你勇敢的嘗試過。

哪怕我們離成功很遙遠，也要有愚公移山的精神。我們不怕眼前的苟且，也不怕沒有詩和遠方，就怕從一開始就否定自己。如果你否定了你所走的路，就切斷了所有通向未來的方向，每一段路都是屬於你的獨家記憶。

不管中途有多少岔路、有多少收費站、有多少事故現場，它仍是屬於你的人生。總有一天，在某個地點，你會看到你想要的風景。

後來，我去了梅力更召[30]，庭前古樹蔥郁，左右白塔對稱立於庭前，天空湛藍。當蒙古語誦經聲從這空曠的山間傳出，讓人尤為平和靜心。

只見僧侶們從容走過寺院，那裡或許沒有其他寺廟如織的遊人和裊裊的香火，卻不減莊嚴與肅穆。如此告別了市井之聲的打擾，讓人有恍若隔世般的靜謐，

---

29 用柳條或篾條編成用以盛東西的器具。

30 漢名有廣法寺、梵昌寺，位於內蒙古，是一座藏傳佛教格魯派寺院。「梅力更」是蒙古語的音譯，意為聰明、智慧。

應了作家慶山的那句：

花樹下酣睡一覺，以為度過了一生，醒來後拍拍衣袍，起身即走。

清聲入耳，生之安寧。

這座城市把自己包裹在陽光下，用一隻手改變自身，一隻手守候溫暖。沿路走過的景、遇見的人，最微小的感動來自不變——擇一城而終老，建一屋而棲居，為一心而生活。

如果時光倒退十年，我依然願意成為最初的那個自己。

6

在彼此相隨的歲月裡熠熠生輝

看到小嬌現在的照片，我總會想起她十二歲時，活像個小男生的短髮模樣。春節時，她回來對我說，看到二胎政策實施後，有些孩子對新生弟妹不滿而釀成悲劇：「看來我要感謝一下姐姐妳當年的不殺之恩。」待小嬌說完，我們都笑個不停。

我四歲的時候，她一歲；她四歲的時候，我已經開始幫她紮小辮子了，頭上再別一朵極富鄉土氣息的大紅花。媽媽做飯的時候，我會把她背在背上和小朋友一起玩耍。幼時的我總覺得自己力氣很大，去哪裡都帶著她，她也像個小跟屁蟲一樣黏著我。

記得我十歲時，有一次媽媽和爸爸去親戚家辦事，把我和小嬌放到五姨家待幾天。小嬌幾乎每天都樂呵呵的吃飯玩耍，而我每天早上醒來第一件事，就是在窗前看爸媽來了沒。

那時，我心裡的小悲傷已經逆流成海了。我每天就跟李莫愁似的苦大仇深，盼著爸爸媽媽早點來接我們，甚至恨不得立刻長出翅膀，飛到他們身邊。

就這樣，連續好幾天沒看到爸媽，使我終於抑制不住內心的悲傷哭了起來。六歲的小嬌則在旁邊說：「哎呀呀，不要哭了，他們很快就會來了。」

她剛上小學一年級的時候，每天放學都記不住老師出的作業，媽媽就派已經上五年級的我，去幫她記錄黑板上的作業。有一天晚上，我夢到妹妹離開我了，為此哭了好久，醒來之後發現妹妹就睡在我旁邊，接著我摸了摸她的小胳膊，覺得有她在身邊真好。

後來那個記不住作業的小朋友，搖身一變成了學霸，小學、國中、高中，都是年級中的佼佼者。那時的她瘦瘦的，戴著一副厚厚的眼鏡，留著短髮，穿著寬鬆的校服，好像一不留神就會湮沒在人海。

對待每門功課，她都傾盡所有心血和時間去努力練習，筆記本裡總是很有創意的貼一些小貼畫，上面有她清秀的筆跡。接近高考時，由於學業壓力，每次考試前她都會頭疼嘔吐；我見證了她每晚在檯燈下的付出，看著她反覆做那些練習題，看到她認真走的每一步。所幸高考她平穩發揮，順利考上了理想的大學。

大一時，她留起長髮，變成親戚口中的小美女。再後來，她學習化妝和服裝搭配，本來身形就纖瘦的她，任何服裝都能駕馭，大學畢業參加高中同學會的時候，老師和同學都對她刮目相看，直誇當年那個像男孩子的小學霸越來越美麗了。之後，她準備考研究所，過程中每晚都複習到凌晨，早上醒來接著練習英語。她總是這般倔強前行，一路披荊斬棘，義無反顧的往前進。

考完等待放榜的那段時間，正好我懷孕了，她就每天陪著我，一起逛花園，一起去餵社區裡的流浪狗。她說：「好神奇啊，好像妳肚子裡的寶寶跟我特別有緣，在我最空閒的時候到來了，能讓我多陪陪妳們。」

那時，我笨重得像一頭大象，最後感覺走路都很累。我第一次體會到了懷孕的艱辛，而妹妹也陪我度過最艱難的孕期。

那個夏天，她如願考上廈門大學。在廈門那個充滿文藝氣息的地方，她也變得越來越文青。在碩一的假期，她回來做了近視矯正手術，從此摘下厚厚的眼鏡，由本來的小美女變成小女神。

有時和她視訊，我會說：「哎呀呀，我都被妳美哭了，妳現在怎麼變得這麼美啊！」然後直盯著螢幕裡的她。她則捂著嘴回應：「小妹妹真會說話。我覺得現在是我的人生巔峰，馬上就要變老了。」

「不老不老，我們永遠這麼年輕美麗。」我笑著說。

是的，我們永遠都要這麼年輕美麗，好像我幫她梳小辮子才昨天的事而已。如今已經到了三開頭的年齡，她居然還搞笑的叫我小妹妹。

我看著我們小時候一起拍的照片，我穿著小雨靴坐在椅子上，她穿著我的鞋坐在我旁邊，手裡還抱著一個娃娃。那個時候，我們住在平房，有自己的小院子。

遙憶過去夏天的中午，我趴在窗臺，媽媽坐在小板凳上，雙手在洗衣盆裡搓得紅彤彤的，水面上襯映著光亮亮的太陽，顯示出彩色的倒影。妹妹抱著貓咪，穿著涼鞋在床上安靜睡著，樹影在牆體上搖搖晃晃。

我瞇起眼睛，聞到夏末快要謝掉的最後一抹花香，聽見隔著牆壁看不到的、趁著季節不斷變換的時光，還有媽媽時而從盆裡伸起右手，把掉下的一縷頭髮挽到耳後打了個圈的聲音。

漸漸的，我的意識越來越模糊，彷彿快要睡著了。這時突然傳來「啪」的一聲，我猛的把頭從手臂上抬起來，看到媽媽把水潑到水泥地面上，在陽光下發出「嘖嘖」的聲音，不一會兒就乾了。

那些場景，讓我輕易想起記憶深處遙遠卻清晰的容顏，暖至心底。遺忘在時光裡的美好，長在內心深處最純淨的地方，一直生生不息。

那個曾經愛尿褲子的短髮女生，如今成為很多人心目中的小女神，由此足見時間的力量是多麼神奇。這些年，我們看著對方一點一點蛻變，在今後彼此看不到的歲月裡，我們也一定會如同自己心中的小妹妹般開朗，且**用心愛生活，愛這個多變的世界**。

7 下個十年，你準備好了嗎？

嘿，十年後的妳，還好嗎？妳是否把生活過成了自己喜歡的樣子呢？如今的妳，還在堅持自己的夢想嗎？妳是否還是那麼愛笑，笑到有魚尾紋都停不下來？

寫這篇文章的時候，我想像過十年後的樣子無數次。可是，好像總無法想像到最準確的那個樣子。

十年前的我，想告訴十年後的妳，**感恩所有**。在電腦前打下這些字的我，能證明十年時間足以讓妳衰老很多，這真的是個殘酷的現實，但我們還是要勇敢面對，不是嗎？逝去的是我們的年齡，不老的是我們的內心。

如今的妳，還在為了講一句話而緊張得直冒冷汗嗎？應該不會了吧？十年的時間，足以讓妳變得更勇敢淡定。那個曾經多愁善感的女孩，總有一天會變得內心堅定，坦然面對生活中的一切。

妳還會為了一件小事而整夜難眠嗎？我想十年後的妳，已經很努力的成為自己小孩的榜樣。年齡越大，妳越懂得行走在這世間，愛是唯一的行李。妳的言傳身教，都會影響小孩成為一個什麼樣的人。所以，在看完這篇文章之後，就好好的修煉自己吧，不要讓孩子覺得，媽媽是個沒用的中年婦女。

說到小孩，十年後的她，長大了吧？是否和妳心裡想的一樣呢？在這裡我也想告訴那個孩子，如果十年後媽媽變得很嘮叨，請不要抱怨我，可能我也變成了當年自己媽媽的樣子，每一天都在想著一句話：「我是為妳好呀。」所以，孩子，如果妳聽到這句話，請收起妳的叛逆心理，聽媽媽的話，沒錯。

十年後，妳學會用心經營妳的家庭了嗎？妳的愛人是否愛妳如初？現在的我想對妳說：請管理好身材，不要放縱自己的體重增長，當妳變得臃腫，當妳放棄駕馭美麗衣服的能力，妳一定會後悔。

十年後，請妳依舊像現在這樣愛著爸媽，如今的他們，可能變得更老一些，可能眼睛更花、耳朵更聽不清了。寫到這裡，我突然覺得好心酸，以前覺得爸媽變老這件事，離自己很遠、很遠，如今那些畫面，卻這麼近的呈現在眼前。請不要難過，要好好的陪在父母身邊。

十年後的妳，可曾有過說走就走的旅行？妳曾說過要像孩子一樣，永遠相信希望，相信夢想，相信生活裡即使有陰暗也會很快散去，還要相信愛。妳是否翻看過這些年拍的那些照片，樣子很傻卻也笑得很開心？

我們頂著灰的藍的天空，走過不同的街道，爬過大大小小的山，觸摸的每一條河流都有自己的溫度；我們在取景框裡擺著各式各樣的姿勢，或許偶爾也會在這個熟悉的城市失聲哭泣或放聲大笑，但是每一段旅程，都會讓我們重新認識這個世界。在旅行時，才聽得到自己的聲音，它會告訴你，這世界比想像中寬闊。

嘿，此刻的妳懂得勤奮和讀書的意義了嗎？有人說，**勤奮但不講究效率的結果就是**——笨鳥先飛，然後不知所終。

我願妳在十年後，依舊保持現在的心性和善良，依然把讀書、寫作當作人生趣事。就像有人說的，每一個人都是慢慢形成，一生絕對不夠，但我們只能盡力而為；而**閱讀的最佳動機和最好用途**，就是幫助我們在短暫的一生中，盡可能的形成自己。

歲月漫長，見字如晤。是時間讓妳懂得，如何讓枯掉的枝椏長出新芽，如何讓冬雨變成夏冰，如何讓你清晰了眉眼、柔和了性情。

我看到朋友發了一張午後長廊的照片，讓人想到古代園林，樹木、陽光、清茶，安詳寧靜的感覺不言而喻，似乎側耳傾聽便能感受到鳥語花香。

不知從何時開始，我喜歡踏在路面上的感覺，這片盛滿歷史氣息的土地，總給人特別淳樸的親切感。戴上耳機，便能讓音樂隨著清冷的空氣一起起舞。我也喜歡看形形色色的人群，匆匆忙忙步履不停，四季輪迴著，我們每個人都以自己的方式前行，努力生活，不抱怨、不氣餒、不絕望。

十年一瞬，那些過往猶如一條湍急的河流，滑過幼稚細嫩的歲月，滑過細膩敏感的心尖，滑過擁擠陌生的人群，然後在我們覺得疲憊時，散成明媚的笑容。

妳還記得嗎？以前，小小的妳依偎在媽媽身旁，央求她講故事，打發寂寥清冷的雨夜。那是個還未到強說愁的年齡，滿眼都是好奇與無際的遐想。年少的妳想像著，何時才會感嘆燈火闌珊處的流轉時光？何時才能漂泊在這濃墨重彩之中？

而此刻寫下這些文字的我，已經心懷感恩，因為一切都是最嶄新的開始。
願妳準備啟程的那天下午，陽光很好，天氣晴朗。
願妳以喜歡的方式度過一生，安靜、自在、簡約、有品。
願妳一生可愛，一生被愛。
願十年後的妳，冬來溫雪，夏來賞花，春煮清茶，秋聽風語，把四季都過成自己喜歡的樣子。
下一個十年，妳準備好了嗎？

第七章

真正的優雅，能對抗世間所有不安

1
重要的不是治癒，是帶著病痛走下去

某天，我和張老師去參加一場兒童誦讀活動。

活動現場，張老師熱情洋溢的講了成長的意義給孩子們聽。我發現他和別人說話的時候，總是面帶微笑，說話層次分明，思路清晰。

回程路上，我搭乘張老師的車，途中我問他：「為什麼您舉手投足間，總是充滿了自信和能量？」

張老師回答：「其實年輕一點的我根本不像現在這樣；那時我總是太急躁，恨不得把全世界踩在腳下，即使撞到牆也不回頭。但是在經歷了多次打擊後，我漸漸變得平和下來。」

大概有兩年的時間，張老師覺得自己的生活極度黑暗，在最消沉的時候，他開始了徒步旅行。其間他去過很多地方，見過很多人，那些在半途就堅持不下去的人，只能選擇放棄。

有一次，張老師在和隊友一同攀登一處高山時，被山頂滾下的一個小石塊砸中腿，傷口當場流血。但是在半山腰沒辦法停留，他只能咬著牙，簡單包紮一下，就跟隨隊伍向前走。那次經歷讓他懂得，有時候一個瞬間，便可能決定生死，如果那個石塊再偏一點，砸到他的頭，他就回不來了。

一個背包、一個帳篷，天地為家。那種跋涉的辛苦，換來的是內心的充盈。他一步步從失落中走出來，變成現在豁達的樣子。

他說：「感謝自己能夠走出來，並且越來越懂得如何經營自己，但是之前那些陰霾的日子，心裡也確實很痛苦啊！」

安琪說自己不相信人弱萬事難。

我第一次見到她，是在送書給身心障礙者做公益的時候，當時她戴著大墨鏡，看不見我們把書捧到她面前。這樣的畫面多少有些滑稽，但是安琪打破了那樣的尷尬：「雖然我看不到，但是我懂點字，下次你們送我點字書就好了。」

安琪從小就看不見，不過她努力讀書，大學利用課餘時間學了主持和古箏；她只是眼睛看不見，但是她的心沒有放棄。

畢業後，她成了一名電臺主持人，每個夜晚，她好聽的聲音都會響起，那個聲音應該是一個女人最美的樣子，安靜又踏實。她有自己的姿態，不卑微、不矯情；她用自己的堅持，抹殺掉那些不屑的眼神，高傲的成為自己的小太陽。途中的那些苦累，自己感知就好，她慶幸自己能找到自卑的出口。

安琪說，**如果上帝為你關上一扇窗，那你一定讓祂把門也關上**，因為，你可以自己開冷氣。而她從沒像現在這樣欣賞自己、接納自己，她喜歡現在的自己，喜歡現在忙碌而充實的生活。

我記得第一次聽SHE，我還在讀國中，每次都被她們三人大大的笑容所折服。其中我對Selina記憶最深刻，笑容甜美的她就像童話世界裡的公主。

以前學校文藝表演的時候，好友小米唱的就是SHE的〈不想長大〉。

那時的小米，是我們所有人心中的校花，不但長得漂亮、成績優異，而且口才極好、能歌善舞，是很多男同學的女神，總能收到男生告白的紙條。

可是在二〇一〇年拍攝電視劇期間，因為爆破師操作失誤，使得Selina全身五四％嚴重灼傷，被醫院下了病危通知書。在那場突如其來的災難之前，正是她最春風得意的時候，事業如日中天，感情生活順遂，即將踏入婚姻殿堂。

而二〇一〇年的小米，剛大學畢業，父母離了婚；她在幾個城市停留過，又離開，孤身一人。她爸爸離婚後就沒有再見過她，也沒給過她生活費。那時的小米談了幾段戀愛，都以分手告終，她覺得自己就像是在大雨裡被淋溼的路人，而她不知道何時會放晴。

被燒傷的Selina積極投身到復健的痛苦過程中，每一次深蹲，血就會從膝蓋滲出來，染紅整條壓力褲；一個簡單的「坐」，已是最大的挑戰。疼出來的冷汗和眼淚，她已經分不清何者較多，但是她靠著自己的毅力挺了過來——因為，她還想重新再擁有。

Selina在受邀拍攝寫真集、坦然露出身上的火吻痕跡後，在微博上說：「每天世界上都有許多不幸運的事情發生。我的故事，是我人生很重要的部分。」

至於小米，在幾番起落中結了婚，生了孩子。沒多久，小米的父親腦梗塞，她不顧一切回去照顧父親，老公卻在這時對她漸漸冷漠，兩人形同路人，最後決定分開。沒想到準備離婚之際，她老公確診水腦症（腦積水），而她選擇放下所有怨恨，努力生活。

為了賺更多錢去照顧家人，小米換了工作，承擔起更多職責，每天都極其疲累。她雖然覺得自己剛三十歲的人生過得很糟糕，每天都像面對一堆怪獸一樣，需要不停戰鬥，但這就是人生啊！我們不能停下。

現在她雖然很辛苦，但是她愛美、愛小動物、愛家人，依舊能綻放最好看的笑容。

我們都要學會在經歷了最深的絕望之後，帶著嶄新的自己，重新回歸這個世界，就像法國小說家阿爾貝・卡繆（Albert Camus）在哲學隨筆《薛西弗斯的神話》（*Le Mythe de Sisyphe*）寫的：

重要的不是治癒，而是帶著病痛活下去。

公眾號「花邊閱讀」有篇講述美國電影《海邊的曼徹斯特》（*Manchester by the Sea*）的文章：

> 那些很頹喪卻依然活著的人們，就像大海中航行的小船，不管是迷途還是停滯，只要還在航行，只要沒有沉沒，茫茫大海上就總會有燈塔，在努力的向他們投射光亮。

如果不曾走過，又怎麼會明白？

每個人都是自己生命中的主角，**我們心底都會有無數條路，通向更加成熟的那個自己**。無論是哪一種選擇，或者哪一條岔路，我們都要勇敢前行。

2 別把你的幸福押在房子上

有一對小夫妻結婚生子，而後定居北京。在北京這座城市擁有自己喜歡的房子，是很多人的夢想，然而現實卻將大部分人的夢想，存放在遙遙無期的未來。

夫妻倆思索了一下，如果要實現這樣的夢想，恐怕會耽擱孩子的童年，他們不想讓孩子最美好的時光，消耗在殘酷現實的陰影裡。於是他們走街串巷，找到一間帶有小庭院的房子，和房東簽了契約，一簽就是十年。

有人幫他們算了一下，投入裝修租處的四十萬加上十年的房租，幾乎可以拿來付一間市區小房的頭期款了。可在這對小夫妻看來，那樣以後的日子會很難受；在這裡，他們全家的黃金十年可以過得很愜意，孩子也能擁有一個美好的童年，這些遠比擁有一間房子來得珍貴。

他們把房子裡的每一處，都裝修成自己喜歡的模樣，客廳、廚房、臥室、長廊、庭院，都像宮崎駿動畫片《龍貓》中老式平房裡溫馨的樣子：孩子光腳在木頭檯子上玩耍，在房間裡的榻榻米上翻滾，把門拉來拉去；下雨的時候雙手接著屋簷滴落的雨水……。

有人問：「十年後租約到期怎麼辦？」

妻子說：「**我沒有想過十年以後怎麼辦，只想著把當下的十年過好。**」

房子是租的，但是生活不是。

喬小刀（中國男歌手）的故事應該從一九九八年講起。他二十二歲時，不想待在農村種田，儘管只有國中學歷，他還是決心北上去闖闖。打工、做電焊，看似與其他北漂青年無異，但他泡在書店、學吉他，拿焊機的手，也拿起了畫筆。

二〇〇六年，待吉他學成，他和當時八歲的侄女喬木楠組成民謠樂隊「大喬小喬」，接著走上《星光大道》，一曲成名。

拜一夜爆紅所賜，他幾百日夜的積累瞬間爆發，開公司、當總裁、出書、巡迴演講，一切順理成章。不過由於不諳企業資本運作，他的公司破產，欠了一屁股債，合作夥伴、名望追捧，到頭來都是一場空。

此時，只有女友珍珍陪在他身旁，「不如我們一起去雲南吧？告別這些過去重新開始。」雲南是珍珍的故鄉。於是，喬小刀與生活、工作了十五年的北京告別，和珍珍去了雲南。

身已安定，心也跟著靜下來。為了打發時間，他索性用手工做的物件，裝飾整個家，故常出入舊市場、垃圾堆，找材料，做木工。

珍珍有個心願，就是開一間咖啡館。無奈當時窮，喬小刀沒辦法真的幫她開間咖啡館，不過他開闢出一個小空間，傾力打造，在九天之內就讓那個小房子變了樣，從空無一物到滿室溫馨。

他把照片上傳網路後，很多人慕名而來，找他做樹屋、花房。在人生起落的節點，他再次迎來轉機，不久他靠著替人工作賺的錢，幫女友造了一個玻璃花房，還在蘆葦地上，為兩人造了一個小木屋。在雲南，他們春天播種，秋季收成，他還用果實做一把吉他彈唱，而她在一旁笑著聆聽。

多少人在生活中疲於奔命，不過是**被生活推著向前追**。如今連好學校畢業的高材生，都買不起學區房了。

一線城市的人只要想買房，就會進入一種摳門模式，每花一分錢都心疼半天。比如黃小汙，全世界都知道她月薪五萬，但咪蒙說她過得像月薪五百——她所有毛衣和圍巾都起了毛球，她之前的包是一個三十塊的帆布袋。

有時候，我們已經拚了老命去省錢，依舊買不起最心儀的房子。如此這般，**房子讓我們的歸屬感越來越貴**，但實際上歸屬感是我們自己給自己的。

有人說：「現實的煩惱不會因為你早生二十年，或者生在一線城市而消失。只會哀嘆房價飛漲，哀嘆自己生不逢時，哀嘆自己出身平凡……這樣的人，生在哪個時代，都不會快樂。」

我看到一對外國小情侶，男生在北京主持一檔中文節目，女生為了愛情追隨他來到中國。談到房子，他說他們的薪水足以在北京租一間很好的，剩餘的錢可以用來放假時去各地遊玩。那個男生認為這樣的生活狀態很好，他覺得很幸福。

不管是買房子還是租房子，真正的生活來自於我們心裡建構的一座宮殿，你把它繪製成什麼樣子，你體會到的就是什麼樣子。

我有個朋友叫做依依，剛出社會的時候，自己租了一間兩房一廳的房子，雖然是老舊的樓房，但依依每天都把屋子收拾得井井有條，心煩時就整理衣服，把收納做成一門技藝。週末，她就研究各類美食的做法，自己嘗試一番，做出來的味道也不差。那時她最嚮往的，是擁有自己的房子。

兩年後，她結了婚，買了屬於自己的大房子。可惜她和老公觀念不合，結婚不到一年便冷戰了無數次，那些嚮往美好生活的激情，早已化為灰燼。

由於老公很少回家，她面對空蕩蕩的房子，內心有著無盡委屈。她不再是那個用心打理房間每個角落的美廚娘，不再是那個對未來有無限期待的細緻姑娘，她的內心充滿深深的失望和絕望。

她認知到，**房子根本決定不了一個人幸不幸福，妳嫁的應該是愛情，而不是房子**——和心愛的人在一起，哪怕房子是租的，每天一樣很甜蜜；哪怕吃的是巷子口的便宜小吃，也抵得過寒夜裡落地窗前的孤寂。

3

好的愛情總是相處起來不費力

中國電影《戀愛大作戰》中，如果和男主角在一起的話，女主角終會割捨掉一部分的自己，終會將自己消融一部分，終會變得再也不是自己。所以女主角離開了，選擇去尋找那個能讓她繼續做自己的人。

女孩說：「就在今天，我和男朋友分手了。不是所有的失戀，都會哭得死去活來吧。我一直想把頭髮紮起來，也正好丟掉許多不想要的東西，高跟鞋順便丟掉，穿衣風格也要換換；其實一直想學爵士鼓的，不用再管他喜歡什麼，想為自己而活。」

可是，有時我們總會被對方改變，或是想要改變對方。

詩雅說，自己做過最失敗的事，就是想把男朋友改造成自己喜歡的樣子。男朋友喜歡運動風格的服裝，而詩雅要求他每次和她約會，一定要穿西裝、戴手錶；男朋友喜歡沐浴露的清新簡單，而詩雅要求他一定要用男性香水。

某次，詩雅看到男朋友在挖鼻屎，挖完以後還彈出去，頓時覺得受不了，認為男朋友不是她心裡想要的那個人，非要和他分手。

後來詩雅和朋友談起這件事，朋友哈哈大笑說：「他挖完沒直接抹在牆壁上已經夠不錯了，我前男友連放個屁都要脫內褲，妳說妳是不是比我還要幸運？」

再後來，詩雅依然不斷想要男友為自己改變，最終那個男人提前退出。要知道，不是所有愛你的人，都會為你改變。

簡安和詩雅相反，她每次談戀愛，都想要變成對方喜歡的樣子。對方喜歡清新的，她就整天森林系女孩的打扮；對方喜歡成熟的，她就改變穿衣風格假裝強悍。對方喜歡什麼風格，她就變成什麼風格，連朋友們都給她取了個外號：變色龍。

可是簡安依舊沒有留住男朋友的心，對方在分手時跟她說：「我更喜歡有自己獨立風格和思想的女生。」簡安當下在風中凌亂，她明明傾盡所有為愛付出，換來的卻是這樣的結果——那一瞬間，她覺得自己有病，腦子裡有洞。

我們為何要有如此執念，一定要對方為我們改變，或是我們非要為了對方而改變呢？

生活中，我們不也是一樣？有時任性、耍賴，有時情緒失控，也會無理取鬧；有時覺得自己無所不能，又在很多時候覺得自己處處無能。為什麼我們非要用剛剛好的樣子，去拼湊一份理想中的愛情，只要稍微有些缺點，就想立刻把它抹掉，讓對方能夠與自己更相配？

一定要兩個人都完美，才有完美的愛情嗎？

好的愛情有無數種模樣，有一種愛情，叫「應采兒和陳小春」。二〇一五年在古惑仔歲月友情演唱會上，陳小春本來繃著一張冰山臉，演唱〈相依為命〉，結果看到臺下老婆（應采兒）搞怪的動作後，忍不住一秒破功，寵溺一笑。

陳小春說：「我每天起床都要看見我老婆，還有我兒子，不然我會不開心的。」他說話大聲，她就更大聲，真性情不矯情，敢愛敢恨、敢做敢說，那樣一個陽光樂觀的女人，怎能不讓陳小春俯首稱臣？

有人說，**好的愛情是「不費力」，無須刻意討好、費心經營；真正的相愛，是接受真實的對方，對方愛的就是這樣的你**；對的人，是你透過這個對象，看到整個世界。所謂愛情，是與你一起，待霜染白髮，看細水長流。

那要怎麼確定對方就是能一輩子在一起的人？錢鍾書先生早就給了標準答案。《圍城》中有一段話：

旅行最試驗得出一個人的品行。旅行是最勞頓、最麻煩、叫人本性畢現的時候。經過長期苦旅而彼此不討厭的人，才可結交做朋友——結婚以後的蜜月旅行是次序顛倒的，應該先旅行一個月，一個月舟車僕僕以後，雙方還沒有彼此看破、彼此厭惡，還沒有吵嘴翻臉，還要維持原來的婚約，這種夫婦保證不會離婚。

被譽為韓國「國民妖精」的李孝利，嫁給了其貌不揚、家境一般的創作型歌手李尚順，這讓人大跌眼鏡，直呼簡直就是現實版的美女與野獸。李孝利坦率的說：「哥哥（歐爸，對戀人的愛稱）是真的不食人間煙火，而我卻只有錢。**即使這**

樣，哥哥也不討厭我。」

兩個人的婚禮很簡單，就在濟州島的家中舉辦，僅邀請了家人好友，拒絕媒體和贊助。李孝利穿著淡雅的白色婚紗，頭戴花環，兩人騎著腳踏車，幸福得笑容洋溢。

婚後，兩人乾脆在濟州島過起了安靜的隱居生活。李孝利還關閉所有社群帳號、更換了手機號碼，甚至拒絕參演綜藝節目，就為了能和丈夫有更多的相處時光。她從原本的時尚教主，轉身變成素面朝天、下田耕作的農婦，似乎找到了真正的自己。

他們家裡使用的材料是太陽能電熱板、木材和石頭，非常環保，盡量做到節能減碳。以前李孝利身為時髦女青年，寧可去名牌店買包包，也不會去超市買米和衛生紙；現在卻和丈夫一起栽種黃豆和蔬菜、除雜草，還學會下廚、摘水果給丈夫吃，偶爾會喚上三兩好友來家中聚餐。

閒暇時，兩人常常到家裡附近的海邊或山林散步，為了盡情享受濟州島的陽光，她有時連防晒乳都懶得擦。她和他一起譜曲，回歸樸實單純的音樂形式，並收養流浪狗。

此外，她開始熱心公益，迷上手工製作，經常自製一些畫作、陶藝品和盆栽，到跳蚤市場販賣。她的日子過得簡樸而愜意，豐富而充實，朋友們也說，她比過去任何時候都要溫暖而溫柔。

好的愛情，只需要**兩個人、一顆心，在最平凡的人間煙火裡，過好自己的小日子。**

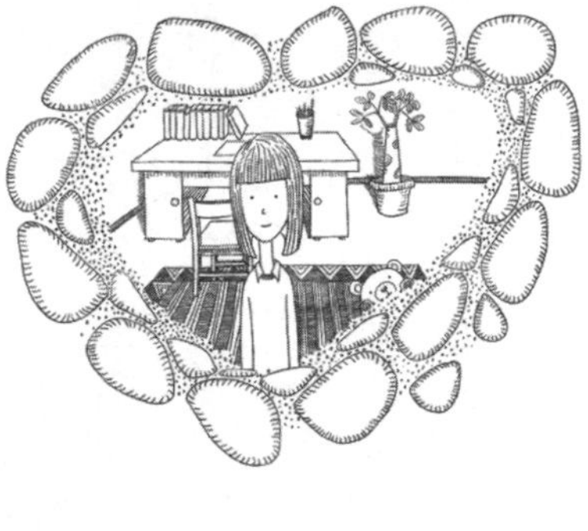

4

過活如過河，前不前進取決於你

西亞喜歡把每一天都看成一次航海，經歷著無數次出航。當你閉上眼後，你是自己的船長，卻又無可避免的在拂曉，毫無徵兆的醒來，在浮世繪般的大背景下難免有些暈船。

每天晚上，西亞都會把貓抱到床上去睡，任憑牠在碎花的床單上滾來滾去。待收拾洗漱完畢，已是凌晨，新的一天又開始了。她關上燈，在黑暗中爬到床上，老貓已然熟睡，但突然翻了個身，接著發出一種奇怪的聲音，也許牠夢到了她。

醒來的時候，天已經大亮。偌大的城市裡，總有一些人能見證拂曉的來臨。賣煎餅的三輪車聲響徹街道，還有幾個孩子歡笑著在樓下玩耍，即使手中的紙飛機掉落在積水裡，仍能毫不在意的撿起。

西亞準備好了早餐，貓則挺著圓滾滾的肚子，貪婪的吃掉牠的罐頭，又覬覦西亞的那份早餐，便瞪著寶石般的綠眼睛與她對視。西亞是個殘疾人士，只有一隻眼睛能看到這個世界，另一隻永遠籠罩黑暗。所以她很享受和貓對視，唯獨這時，她才覺得那點光亮是那麼珍貴。

西亞說：「雖然這個世界這麼嫌棄我，但我從不曾回以嫌棄。」很多人都誇她堅強，每一天都充滿活力。這讓**她覺得自己就像一棵樹，被生活的壓力連根拔起，只有她自己知道，在根系離開土壤的時候是多麼疼**。

她本來是個很美的女生，身邊有個很愛她的人。二十五歲時，她為了變得更美，去一家小診所整型；不料麻醉一過，她就感覺眼睛不舒服，而後陷入昏迷。醒來之後，西亞不但沒有變得更美，反而失去了一隻眼睛。

西亞無數次的想要放棄生命，但是愛人始終陪伴著她、鼓勵她。一年後，當她重新回歸生活，他卻消失了。

那時的西亞已經沒有勇氣再去挽留什麼，加上父母住在很遠的一個小鎮，於是她開始獨自一人生活，學著勇敢，後來辭掉原本的工作，開了一家寵物店。

她知道，人唯有經歷一些失去，才能明白活在當下的意義。

我認識一個女生，二十二歲時因為過敏症住院，入院期間，她讀完捷克作家米蘭．昆德拉（Milan Kundera）的《生命中不能承受之輕》（*Nesnesitelná lehkost bytí*）後開始思索：她該選擇什麼？重還是輕？

出院後，她花費幾年時間一邊恢復體能，一邊帶著對「自我」的困惑，頻繁獨自遠行；她跑過文明發達的城市，也待過偏僻原始的村莊。也許，只有站在懸崖上放眼整片原始森林時，才會被自己的微不足道所震撼。

生命是有限而脆弱的，人一生來就奔向死亡，可人生又能剩餘多少時間來為夢想奮鬥？她決心跟著自己的心，走回已漸遠的藝術之路。不久，她順利獲得英、美多家知名藝術院校的研究所入學資格，宛如贏下一場偉大的戰役。

然而，當她選擇踏上美國的幾個月後，她又意外面臨突如其來的人生抉擇。那晚，她躺在舊金山公寓的小床上，輾轉難眠——再次來勢凶猛的過敏症使她虛弱不堪，在美國尋求各種治療方法無果後，她腦海裡只剩六個字：留下來或回去。

她曾為了這次學業機會，付出很多汗水，要是就這麼回去，她真的不甘心。可是，如果選擇繼續堅持，那她會付出更慘痛的代價，無論是身體上、時間上，還是金錢上。

在死寂的房間內，她備受理智與情感的煎熬，直至天快亮的時候，她毅然決定先返鄉治療。於是，她獨自處理完美國的所有事情，並在朋友的幫助下打包行李、預訂機票。三天後，她的親人在家鄉的機場擁抱她，可她嘗到的回家滋味卻難以言表。那一年，恰逢她三十歲，走過成年後的第一個十年。

回國後，她積極生活、認真工作，讓自己像太陽花一樣努力生長。她說她喜歡太陽般炙熱的情感，渴望太陽般輝煌的榮耀，當太陽沉落了，便期待著下一個黎明。她每天都會上傳一張自己微笑或是晨跑的照片，裡頭的她笑得是那樣好看。

我們這一生，會遇見很多人、做很多事，也會走很多彎路。但無論如何都要保持自己的初心，趁我們還能擁抱生活，盡情的去感受它。

每一天，都像是我們穿過的一條河流，難免有人會被河流中的礫石刺傷，但誰都沒有權利阻止我們過河，剝奪我們的明天。

5

好的愛情，從不為任何人委曲求全

「妳身上這件衣服，是一百元一件的地攤貨對吧？我本來也想買一件給我們家保姆呢。」這是玲ㄚ第一次去男友家，男友媽媽對她說的話。

在外人看來，玲ㄚ相當優秀，職業是空姐，不但長得漂亮而且性格溫和，很多男生都喜歡她；可是玲ㄚ家境貧困，讀大學時不得不申請學貸。而她男友是個高富帥，對她特別好，玲ㄚ也和他有說不完的話，好像真的遇到了真命天子。

玲ㄚ沒想到第一次見家長，會是這樣的情況。男友的媽媽故意把兒子支去洗水果，單獨對玲ㄚ說：「我們家不會讓他娶一個外地戶口的女生，以他的條件，什麼樣的對象都有。」

玲ㄚ沒有像電視劇裡演的那樣，哭著跑出門，或是恨不得鑽進男友家的下水道。她只是很有禮貌的笑了笑，堅信她所珍惜的這份感情，不會因為另一個人的質疑而改變。

玲ㄚ從不是貪圖便宜的女孩，和男友結婚時，她沒有要任何聘禮，甚至用自己的存款付了房子的頭期款，男友則是買了一輛車，兩人都沒有伸手向家裡要錢。男友的母親見狀，也慢慢的閉上了嘴……。

是的，一切才剛開始，儘管所有人都覺得，玲ㄚ骨子裡一定想要證明給男友的媽媽看，但是好的愛情，從不需要證明。

很快的，玲ㄚ的工作能力得到更多人認可，於是被調到總部做培訓講師。此外，她老公每天都用心呵護她，讓她從那個總是被人嘲笑的灰姑娘，變成更有信心的自己，周圍的女生們都羨慕她：「人美心甜，老天真是眷顧妳啊！」

不料，玲ㄚ的老公雖抵擋住母親的反對，卻沒有抵擋住第三者的進攻——他出軌了。

玲ㄚ知道老公外遇的消息，毫不猶豫的選擇離婚。即使他曾帶給她最好的愛情，也無法抹滅這次帶來的深深傷害。玲ㄚ知道，一個人也可以過得很好，好的愛情從不接受背叛。

有朋友調侃玲ㄚ：「妳後悔嗎？最好的時光都給了前夫，如今是不是不太相信感情了？」

玲ㄚ笑了笑，沒直接回答這個問題，而是扯了一句：「我可不是那種離一次婚，就罵全世界男人都是人渣的女生。」

和前夫離婚後，玲ㄚ開始短途旅行。我在她的動態裡看過這樣一段話：「願妳做個平凡的人，一路向善，面目清秀。不偏頗矛盾，不低微脆弱；不盲目索取，不雞毛蒜皮，且無憂亦無懼，以後所遇都是真心人。」

在她的世界，我總算明白，這個女人最讓人佩服的就是——她想要的，是一份純粹的愛，**不為錢而委身於誰，也不為了背叛的愛情繼續挽留**。

寫到這裡，我不由得想起婧姑娘，她是我的同學，從小到大都很美麗、很優秀。幾年前她結了婚，雙方家境殷實、門當戶對，她在社群動態發的都是他們甜蜜恩愛的照片。後來，我們漸漸失去了聯繫。

前不久，我看到婧姑娘新傳的結婚照，但身邊的人不同了。

原來，婧姑娘結婚後，發現老公最愛的人並不是自己，便很快離婚。離婚之後，她練瑜伽、學游泳，把自己的生活填得滿滿的，再後來就遇到了現任老公——一切好像來得有些晚，又好像剛剛好。

有時候，我們並不能勇敢的結束一段感情，只因牽絆的東西太多。可是真的唯有你決定之後，才能真正走出困惑。

L說自己和女朋友剛開始創業的時候，窮到兩個人合點一碗青菜麵，女朋友吃菜和一些麵，他只吃剩下半碗多的麵，湯則是一人一半，喝得一滴不剩。當時服務生嘲笑的眼神，他一輩子都記得。

他和女朋友租了一家三坪多的店面賣包子，每晚一點睡，四點起床，每天都好像是旋轉的陀螺。L知道，自己的媽媽生病住院，他需要錢來支付醫藥費，所以再苦再累都沒有任何怨言。

待兩年後賺夠了錢，L的媽媽也治好病了。後來L的生意越做越大，和朋友合夥開了酒吧，他也開始越來越忙，對女友的關心隨之減少。

他漸漸成了別人眼中的成功人士，但是他知道，**那個在最艱難時刻陪著他的女人，已經被他推遠了。**

再後來，他生意失敗，一切又回到原點。但是他好像累了，不再急功近利，開始期待有個溫暖的人出現，哪怕只是平平淡淡的相守今後的人生……如果一切可以重來，他寧願自己還在那個三坪多的店面，身邊是他最愛的女人。

好的愛情，容不下半點疏離；平靜的守候，你才會看清幸福最終的模樣。

中國當代作家雪小禪說過：「有的時候，更潔淨的心，需要一些清醒的自閉和與世隔絕，隔絕繁華似錦，隔絕熱鬧，隔絕綢緞的華麗。人間的修行，潔淨大概最難。所以，低頭前行，步步為贏，潔淨與恩慈，是一種難得的意境。」

好的愛情，也一定是這樣的純粹自然，哪怕大風大浪過後，也毫無波瀾。

願每個人都找到那份最好的愛情，不為任何人委曲求全。

6

當你被孤獨輾壓，才學會辨識同類

蘇木在芬蘭赫爾辛基的天空看到綻放的煙花之後，一個人去看午夜場電影，片名叫《去往蒙巴薩的單程票》（*Menolippu Mombasaan*），是部二〇〇二年上映的舊電影。

她總覺得熱鬧是一群人的孤單，孤單是一個人的狂歡。異鄉遇見同類人，往往無話不談，分享著舊的故事、新的焦慮，以及不願跟他人提起的隱祕情緒，覺得彼此是患難親朋、是傍晚浮於沉靜夜空的點點微光；不料有一天，又因為一些無能為力的隔閡和差別變成陌路。

龍應台在《親愛的安德烈》中寫道：

人生像一條從寬闊的平原走進森林的路。在平原上同伴可以結夥而行，歡樂的前推後擠，相濡以沫；一旦進入叢林，草叢和荊棘擋路，情形就變了。路其實越走越孤獨，你將被家庭羈絆，被責任捆綁，被自己的野心套牢，被人生的複雜和矛盾壓抑，你往叢林深處走去，越走越深，不復再有陽光似的夥伴。

「不復再有陽光似的夥伴」，那種感覺是沮喪的，因你為了互相靠近，已經做出所有努力，原本的那扇門卻變成了一堵牆。沮喪嗎?是的，但只能接受。

我們越來越害怕和熟悉的人分離，也越來越封閉自己的內心，不再對所有人都真誠的笑臉相迎。當看到越來越多老人跌倒無人扶，或者熱心救人卻反被誣陷，我們不是害怕真心付出沒有回應，而是害怕付出之後得到失望。

蘇木二十五歲，在赫爾辛基留學，平常總是獨來獨往，而她最大的娛樂是閱讀，和週末去看午夜場電影。她覺得閱讀很重要，即使一個人也沒有那麼孤獨。

有同學開玩笑說：「我讀過很多書，但後來大部分都忘了，這樣閱讀真的有意義嗎？」蘇木回答：「當我還是小孩子的時候，我吃過很多食物，現在已經忘記吃過什麼了，但可以肯定的是，那之中的一部分已經長成我的骨頭和肉。」

長期的閱讀習慣，讓蘇木的個性乾淨俐落：公共場合偏於安靜，發言時直戳重點、邏輯清晰，做起事來專注度高，不會大聲吵鬧，而且學習能力強，能更快接受新事物。

可是有些事情，偏偏不像蘇木想的那樣簡單。

從小到大，蘇木就是家長口中「別人家的孩子」，成績優異又長相出眾。高一時，她甚至成了全年級第一名，所有人都覺得她高高在上，進而孤立她，那種刺入骨髓的孤獨，遠超過第一名帶給她的喜悅。

後來的一段時間，蘇木努力做到合群，甚至故意考試失分，不去爭第一名的位置。她覺得自己努力合群之後，同學一定會再次接受她，結局一定是皆大歡喜、世界大同。

可是她這麼做之後，得到的反而是更多疏離，大概從第一次考試開始，同學們就與她劃清了界線。從那之後，蘇木就開始獨來獨往，身邊沒有半個朋友。

留學時，蘇木找到了自己的第一份兼職：按時在每天上午經過一家小服裝店，幫這家店的老闆送衣服。換句話說，她的工作和送貨員類似，但是又稍微清閒一點。由於事情不難，所以薪水也不高，不過蘇木接受了。

其實改變她的，並不是這份工作本身，而是這家小服裝店的老闆——一個七十多歲的老奶奶。

蘇木去取衣服的時候，總能看到老奶奶戴著老花眼鏡，在圖紙上畫一些圖案，然後啟動粉色的縫紉機。

老奶奶的裝扮，向來都是花花綠綠的裙子配上叮噹作響的耳環，鮮豔得像是剛成熟的西瓜。她卷卷的頭髮上別著小髮夾，雖極具個性，但並不突兀，反倒顯示出她獨特的審美觀。蘇木從沒見過這樣一個對生活充滿熱情的老人。

老奶奶用舊窗簾的布料和一些美術生愛用的顏料，加以剪裁、拼接，就完成了一件檯燈的燈罩。她把燈罩送給蘇木，說：「小女孩，臉上多一些笑容，去多認識一些朋友吧！有人相伴，妳才能發現這個世界是多麼有趣。」

「認識新的朋友太難了，**他們總是會離開，還不如一個人。**」蘇木撇撇嘴。

「難道因為會離開，就不去認識嗎？**一朵花如果知道自己早晚會枯萎，就拒**

絕綻放嗎？傻孩子，妳看外面的陽光多好，不要辜負了自己的好時光。」老奶奶拍了拍蘇木的肩膀。

蘇木以為自己不會再敞開心扉，結果聽完這番話，她哭了，她覺得自己孤獨了太久……。

留學三年後，蘇木回到中國，找到一份人力資源管理師的工作。她嘗試和周圍的人成為朋友，不再計較中途走散，於是她的朋友越來越多。她分享自己的經歷給他們聽，用心去對待每個人，年少時那刻骨銘心的孤獨，好像漸漸從心裡抽離。

站在冬天之中最熱鬧的街頭，蘇木挽著男朋友的手，和一群朋友等待跨年的倒數計時。煙花耀眼，孤獨走遠，蘇木的心情極好，她希望永遠這樣好下去，不被任何事物摧折。

這些年的孤獨很苦，但也教會她如何重新去**對待孤獨**。這就像是老奶奶縫紉機下的布料，針腳所描繪出的圖案，得**經過碾壓**，**才能更加平整和絢麗**。

我們都曾走過孤獨的路，也都疏遠過別人，有時候寧可與全世界為敵；我們都曾經歷失望，但千萬不要讓我們的自私，成為別人心裡無法抹去的疤痕。

我們都不是獨立的個體，需要融入這個可愛的世界，沒有人能活在真空中。感謝那些陪在你身邊的朋友，也請忘記那些故意的疏離，你總會遇到更多人，以及更真誠的心。

不要怕，請多給自己一點時間。孤獨從來都不可怕，它**教會你如何在黑暗中走好自己的路，不被他人左右，不被議論所困擾**，然後，等著你自己去發現同類。

7 所有你想要的，都在你即將走過的路上

你有過最深的絕望是什麼？作家小川叔表示：

那年十月，北方的一家公司打電話給我，說之前在招聘會拿過我的簡歷，現在有意要招一個男設計師，問我可否去面試。我就像黑暗中看到了一線陽光……在分公司面試完，我覺得一切都特別滿意，卻不料最終被發派到總公司報到時，才發現那是一家特別破的家族企業。

那段時間，總公司要趕春節之後的訂貨會，設計任務量特別大，我們每個設計師每天要設計超過二十款作品，而且必須用四開紙純手繪，並配合設計說明。每天晚上九點，老闆來巡查。晚上十點之後，我才能回宿舍休息。宿舍朝北，沒有暖

氣，我蓋了兩床棉被，頭上還要搭一件軍大衣，不然第二天一定會頭痛。

那時候，我覺得最難熬的不是寒冷，而是內心的不服輸……。

後來小川叔熬過了試用期，換了工作，去電視臺做節目撰稿，並出版了自己的著作。好像那些難熬的時光，是為了讓我們用自己的努力看清自己。

小川叔說：「我在這個城市**活得很卑微，幾乎是一路爬行得鮮血淋漓，最後才有機會勉強站起來**，到如今混在人群裡和很多人一樣。那段生命裡最難熬的時光，成了日後刻在美好時光鑽石上的橫切面，它們帶著外人無法體會的疼痛，成了今天你看到的浮華的璀璨。」

生活中的每一段路，都有我們不得不堅持走下去的理由。「唯獨請你別變成大人」（君だけは大人にならないで），這是日本著名搖滾團體彩虹樂隊（L'Arc~en~Ciel）〈DIVE TO BLUE〉的歌詞。很多人以為配角存在的意義，也許就只是以不幸來襯托這來之不易的幸福，在觀眾都鼓掌的時候，默默躲在幕後哭泣，或者識趣的跟著一起鼓掌，拍得自己的手掌生疼。

歲月教會我們胸口碎大石的淡定，不用再經受顛沛流離。

小時候，老師教我們念：「世界是一幅五彩斑斕的畫卷。」長大後，我們才明白，再美麗的畫卷，下面也必須有一張單薄蒼白的紙，承載上面的色彩。

動畫電影《酷寶：魔弦傳說》（*Kubo and the Two Strings*）的導演崔維斯・奈特（Travis Knight），除了是多次被提名奧斯卡的定格動畫導演，他另一個身分更為人所知——耐吉（Nike）集團創始人菲爾・奈特（Philip Knight）的次子。

一九七三年出生、自幼滿腦子想法的崔維斯・奈特，總是因父親的身分感到困擾，同學們最常對他說：「幫我代購你家那雙限量版的球鞋。」、「你爸爸今天又上新聞了。」

他抵觸運動，拒絕穿耐吉鞋，不顧史丹佛大學的入學資格跑去紐約，自取藝名chilly TEE出嘻哈專輯《離我遠一點》（*Get Off Mine*）；後來唱片銷售不佳，崔維斯・奈特沉默回歸，讀完大學。他毅然拒絕繼承父親的商業帝國，隱姓埋名去一家動畫公司當實習生，潛心研究心愛的定格動畫。

其父親瞞著他成為這間公司的控股股東，某天，只負責端茶倒水的崔維斯．奈特發現所有人都對他畢恭畢敬，立刻意識到真相。他單方面宣布斷絕父子關係，開始與父親形同陌路，同時起早貪黑做動畫，發誓證明自己的人生。

這樣的關係維持了三年，直到二〇〇四年，他的親哥哥馬修．奈特（Matthew Knight）在一次為基督兒童募捐的潛水慈善活動中，突發心臟病，最終搶救無效去世。當時六十六歲的菲爾．奈特被徹底擊垮，幾個月之後仍難以承受喪子之痛，遂辭去耐吉的執行長職務。

痛苦讓崔維斯．奈特重新審視過去，他終於明白，父親一直都是愛他的。

崔維斯．奈特理解了父親的所作所為，決定於二〇一五年進入耐吉的董事會幫助他。他也沒放棄自己的動畫夢想，但此後很多年，他所有作品都指向一個主題——與過去的亡靈溝通。

《酷寶：魔弦傳說》讓很多人流淚，是因為它總是用自己的哀傷提醒人們：**我們所遇到的平凡，都是幸運，而我們也一定會等到失去後，才真正醒悟。**

時間讓我們看到風浪中，可以怎樣經歷自己的人生、可以怎樣對待自己的經歷和生活方式，並在漫長生活中學會怎樣護衛一顆自由的心，在生活大起與大落的時候，使它既堅強又自在。人這一生，雖然時間給了我們很多銘心的痛苦和孤獨，但是也給了我們那麼多沿途的感動和勇敢。

此刻，你要想著，全世界都跟你無關，只有你自己。放鬆，深呼吸，安靜下來……允許自己有些恐慌，允許自己有些難過，好好看看自己的內心。

其實我們從來不曾失去那些依靠、還有愛，我們仍舊珍惜且懷念那些頃刻間留下的。我看見的溫暖故事，發生在潔淨明媚的陽光下，它靠著藍天或靠著山川，帶著一點點的憂鬱卻不肯輕易表露出來；我看見的積極力量，每天都爬上天窗，讓我們的內心直視藍天。

願所有人都像植物般生機勃勃，雖然有時候也會因為缺乏水分而萎靡，但是終究會迎著陽光，努力生長，用自己周身的泥土，創造每一種收穫。

有人說：「別說歲月漫長，長不過沿途的山脈，長不過車窗外的陽光，長不過光線突然暗下來的隧道。更長不過，下一個遠方。」

你想要的，都在你即將走過的路上。

第八章

懂生活的人，能讓平淡的生活發光

1

人應竭盡所能，再聽天由命

或許你想把生活過成盛夏煙雨裡彌漫的花香，一紙素箋、一杯清茶、一室墨香、一頁飄滿墨香的小楷。然而現實中，你還是把生活過成了冬天夜市裡飄著的燒烤味，一行鼻涕、一把眼淚、被煙熏嗆成黑眼圈的小邋遢。

可能大多數人都一樣，無論有多少種自己想像中的樣子，還是最難擺脫現實這個小圍城。

但同時，我也相信，大多數人因著對美好的堅持，所以無論現在多麼苦，哪怕幻想的未來模樣並不理想，還是信心滿滿。我們的生命只有一次，活著就意味著必須做點什麼——為了那個曾經被賦予厚望的自己。

睿安是我見過，活得最優雅也最隨意的女孩。

她可以拎著菜市場的大塑膠袋，出現在巴黎鐵塔的夕陽下；可以戴著墨鏡、抹著大紅脣，出現在菜市場買雞蛋；可以踩著高跟鞋去果園摘草莓；可以穿著好看的休閒裝，出現在大學校園打籃球。她的美總是相得益彰，從未顯得格格不入。

其實，五年前的睿安根本不是這個樣子。

那時的睿安很胖，而且因為從小就肥胖，所以膝蓋會不時疼痛，尤其在天氣變涼的時候，甚至還得依靠拐杖行走。那些日子讓二十歲的睿安很沮喪，她沒有朋友，沒有自己的愛好，興趣則分為靜態和動態兩種，靜態是睡覺，動態就是吃。

年輕的睿安，自卑得像是泥土裡的蚯蚓，身處在沒有陽光的地方，從來沒有得到讚美。

睿安的體育成績向來不及格，只不過她的英語出奇的好。儘管這樣，她還是有些厭惡自己。

由於英語成績出色，老師便安排睿安參加一齣英語話劇，她扮演的是一個胖公主。那是睿安第一次穿裙子，儘管尺寸有些大，造成別人眼中的她，更像是一個餵豬的大嬸，但是在那一個小時的舞臺燈光下，她發現自己竟然愛上了站在舞臺上的感覺。

演出完那一晚，睿安失眠了——這些年，她**除了努力做好一個普通人之外，似乎什麼都沒有嘗試過**。要這樣庸庸碌碌下去嗎？她在黑暗中搖了搖頭。

第二天，睿安報名參加瑜伽班。但礙於肥胖的身體和膝蓋的疼痛，即使只是一個簡單的小動作，她都完成得特別吃力。經歷過無數次摔倒，又無數次站起來繼續練習，她覺得自己活像個胖胖的不倒翁。

就這樣，睿安堅持了半年，其間她並沒有瘦下多少，不過膝蓋的疼痛好了很多，她也可以獨立完成很多動作，至於改變最大的，大概就是她開始有自信了。待堅持了兩年，大學畢業後，睿安終於從一個邋遢的胖子，變成纖細的瘦子。

事實上，每堅持一件事情，都會很苦，只不過那些苦，我們自知就好。

有人說，瘦下來有什麼用，不喜歡你的依舊不喜歡你。其實我想說，這與胖瘦無關，更重要的是你看待這個世界的角度變了。就拿睿安來說吧！瘦下來之後，她第一次覺得這個世界是如此精彩，那些從未見過的風景，她都想要去看一看。

睿安說：「當你覺得自己又醜又窮、一無是處時，別絕望，因為至少你的判斷是對的。」她說這句話時並不是在搞笑，反而特別認真。

當你真正認識自己，你才有改變的動力。

開始上班之後，睿安也沒有放棄她的堅持。在每個加班過後、精神瀕臨崩潰的夜晚，她都習慣耐著性子，堅持跑步半小時，然後每天清晨醒來的第一件事，就是給自己一個大大的微笑。

當你重新愛上自己，你會發現那縷清新的能量，像是你體內的小宇宙，給你帶來滿滿的能量和自信。這樣的生活方式，每個人都可以做到，永遠不要低估我們改變自我的能力。

其實我常常覺得，無論以何種方式生活，都是為了更好的去感知這個世界。讀書、健身、旅行、體會身邊那些感動，說到底都是我們活著的意義，修煉我們的內在和外觀，才能找到自己最好的樣子。

我認識一個擔任設計師的女生，她也是自己品牌的模特兒，每天都會發布自己設計的作品，每晚都會很辛苦的加班。有一天她收到顧客的訊息，希望她不要拍身材這麼好的照片，畢竟誰有跟她一樣的好身材啊？

她回覆：「為了讓衣服的展示效果更好，我每天堅持鍛鍊、控制飲食、保持身材。我想我如果找一個又矮又胖又醜的人當模特兒，顧客們一定不愛看，所以我**努力變得更好，就是為了讓你們看到更美好的成果。**」

她腳踏縫紉機的腳踏板，伴著針腳勻速起落的聲音，感受面料的溫度，並想像著穿這件衣服的人在微風中舞蹈。

她從未把工作當成一種煩惱，相反的，她把自己的每一個靈感、每一個美麗的微笑，都融入生活中，也融入她設計的作品中。

另一個朋友說，她每天依然在鬧鐘響了三次後，還賴床起不來；依然在為了思考今天要穿什麼衣服，而浪費時光。她趕在最後一秒鐘擠上公車，在早餐店準備收攤的最後一刻，打包一份早餐。看似重複的日子一直在過，她卻又難免會感嘆時光偷偷溜走。

她覺得迎來送往，能把孤寂化為美麗的，都是用整個生命在修行的那些人與事。縱然如此，也不要否定平凡的修行，或許它照亮不了更多人生，但至少無可取代，即使腳步細碎，卻從未停留。

生活也是這樣。每個人都是自己的規畫者，無論你想要成為怎樣的人，都需要用你的一腔熱情和時光，來華麗起舞一場。就像電影《末代武士》（*The Last Samurai*）中的對話：

「你相信人能改變命運嗎？」

「**人應竭盡所能，然後再聽天由命。**」

好的生活，一定是你用心去喜歡的。就算沒有詩和遠方，就算只有眼前的苟且，也要活好每一天，有時一飯一菜，也會連成一篇詩句。哪怕有那麼多不如意，那又有什麼關係？浮生難得的是，折騰成你想要的日子。

2 以後再改就好了——你也常這樣想嗎？

一個朋友的朋友，把家裡打造得像是一間手工作坊。她把每月薪水的一半，都用來布置家裡的各個角落，每天都神采奕奕。要知道，她的薪水並不多，還有兩個孩子要養，周圍一些好心大姐就開始言傳身教：「妳得學會過日子啊，不要總是花錢瞎折騰，將來在孩子身上會花很多錢。」

她很淡定，「現在用心去過的每一天，不就是為了讓他們感受到生活的美好嗎？**為什麼總是要活在以後、活在將來，現在的每一天難道不好嗎？**」她一直是個敢想敢做的人，所以大家雖然都拿著差不多的薪水，但只有她活得充滿活力，因為她懂得如何經營好生活。

她說，每天回家就像走進自己的小世界，每個角落都是自己喜歡的樣子，整個人的心情好到不行。用心經營的生活，大概就是這樣吧。

其實生活的本質都是很瑣碎的，有些人每天看著戶頭裡的存款，什麼都捨不得買，甚至連生活中最基本的衣食都省了又省，**為的是在將來過更好的生活；可是將來究竟是哪一天**，他們沒有想過。

那些會生活的人，總能讓平淡的生活發光；一個心中有陽光的人，一定能把日子過成詩。生活中的每一個小細節，都充滿了我們對生活的認知。

我認識一位叫沐喜的美女攝影師。攝影是她的業餘愛好，用來記錄自己女兒的成長，每一張照片都是時間的定格。她想講述許多個關於她的春夏秋冬，而故事和愛，都在這一幀一幀影像裡。

我喜歡她的笑容和親和力，初次見到她時，給人的感覺就像是午後的陽光，也像是宮崎駿動畫裡的夏天，日子細碎且悠長，快樂如初。

隨波逐流的日子過得特別容易，相較之下，在生活中花心思和精力成為更好的自己，真的很難。

有個女孩告訴我，她把生活過得亂七八糟，感覺每天都有很多事要做，總是力不從心，老是覺得時間不夠；沒有時間打理自己，沒有時間收拾屋子，沒有時間做自己喜歡做的事情。

其實之前我也是這樣的狀態，每天忙忙碌碌，總覺得「現在把日子過得糟糕一些沒什麼，以後補回來不就好了」，可是真的到了以後，我卻發現，自己失去太多生活的樂趣。

懷孕時，我覺得自己是孕婦，邋遢一些無所謂，舒服就可以了。現在看以前的照片，我發現照片中那個臉像麵包、穿著寬鬆的孕婦裝，像是一個四十歲大媽的人就是我。我當時的想法是：「反正懷孕又沒人看。」可後來去產檢時，才發現有些孕婦即使肚子很大，依然把自己打扮得美美的，出現在人們視線範圍內都是一道風景。

有時候，我經常把家裡弄得亂糟糟，衣服隨意亂放，想著有時間再收拾。直到後來，我遇到一位特別愛打掃的同事，她說，家就是我們生活的大部分，若家裡收拾整潔了，才有好的心情去生活和工作。

這促使我開始認真整理衣物，不但學會收納，也學會把自己的家布置得很溫馨，如同草木一般，家亦具有其靈性。我還開始學習服裝搭配。以前總覺得一定要瘦，等到瘦了再打理自己也不遲；後來發現那不過是自己懶惰的藉口，我見過很多女孩胖歸胖，照樣把自己打扮得很精緻，看著很養眼。

其實，真正的美和胖瘦無關，只要你用心經營自己，任何時候都是美的。我們的人生，無非是從父母的家到自己的小家，也無非是一餐一衣，從小時候父母的挑選，到最後自己的審美品味。

我見過一位老人，她是我幼時的鄰居，小時候見到四十歲左右的她，總是穿著一身破舊的衣服，身材乾瘦，兩眼無神。她經濟並非不好，相反的，她的家庭條件很好，但是她把所有錢都留下來，留給她兒子，只要是她兒子想要的，無論多貴她都答應。她總說，只要兒子過得好，自己就開心。

就這樣過了好多年，其間我搬了幾次家，當我再見到她時，她還是當年那副樣子，沒有變老，但印象中她好像也從來沒有年輕過就是了。

在閒談之中，我得知她兒子剛結婚，她把所有錢都給他創業；聊了一會兒，她就接到兒子的電話，問她為什麼還不回家做飯。她轉身準備離去之際，我突然一陣心酸——她從來沒有抱怨過自己付出的艱辛，可是這麼多年來，她完全沒有為自己而活，甚至沒有為自己買過一件像樣的衣服，生活的意義在她眼裡，或許只有她兒子。

這樣的觀念很難改變。這類母親奉獻、犧牲，不管生活需不需要，總之她們給自己找到這麼個定位，就不肯放棄了。她們缺乏享受生活的能力，內心沉重、不快樂，而且自我否定，用自己的年華來成全別人。

她們**企圖在那些完全是別人的事情中，找到自己的意義，就難免活得太累**。

有許多人真正的活在當下、拚盡全力，有時候卻把日子過成了煎熬，像是一碗正在熬的湯藥，充滿苦澀。活在當下，不是要超越自己的能力去浪費和消耗，而是懂得體會生活中的每一個美好細節，不為明天焦慮，也不讓糟糕的昨天一直延續，每個清晨醒來的時光，都是一天最好的開端。

願我們都能做一個能令自己快樂，也能令別人快樂的人。

每個人都有能力把我們的生活過得更好，我在網路上看到很多懂生活的人，哪怕只是租住在六坪大的小房子裡，他們也會把舊物改造成適合他們居住的溫馨小家。當他們用心修剪枝葉、挑選花瓶，用心插花布置自己生活的空間，大概最能體會生命和自然的力量吧。

請用心體會生活，陽光、美食、鮮花、愜意時光，都好。

生活是我們自己的，**我們無法預知多年後的我們會是什麼樣子，但可以把生活過成我們喜歡的樣子**。況且生活不是統一的範本，不需要總是按照別人的樣子去複製，當我們過好每一天，就已經很有趣了。

3

我們需要一件好看的睡衣

「優於別人，並不高貴；真正的高貴應該是優於過去的自己。」

——海明威（Ernest Hemingway），美國作家

前段時間，甲哇哇接到一張邀請函，打開一看，整個人都開心了起來——原來是睡衣派對的邀請，舉辦地點是某間酒店。

甲哇哇穿著自己寬鬆的法蘭絨睡衣，屁顛屁顛的去參加，結果到達現場的時候，後悔也來不及了……只見其他女生都穿著漂亮的蕾絲睡裙，各種風情萬種的迷人裝扮；反觀甲哇哇，就穿著厚厚的睡衣睡褲，冒冒失失的出現了。

原來，她所理解的睡衣和派對的睡衣，差了十萬八千里，難怪連門口警衛都

懶得看她一眼。他八成以為她是哪個有病的大媽，穿著睡衣就狂奔上街了。

有時就是這樣，對於同一件事，很多人的理解都不同。對一些女生來說，生活真的需要一些儀式感，需要一些小精緻。

有人說，該喝醉的時候一定不能少喝，該唱歌的時候一定不要乾坐。**當生活好像變得無趣了，也許無趣的不是這個世界，而是我們沒有堅持那些有趣的活法。**

我在網路上看到一組對比照片：一張是媽媽和寶寶穿著親子裝，媽媽的妝容很精緻；另一張的媽媽素顏、頭髮很亂，抱著全身髒兮兮的孩子。圖片配的文字是：妳想活成哪一種樣子？

我知道所有人都想要活成前一種，但說來容易，做起來並不是那麼容易。因為妳無法保證一絲不苟的髮型，不會突然被小孩一把抓起；無法保證妳在抱孩子的時候，連身裙不會被他的小皮鞋踢髒；無法保證他不會突然在公共場合大哭或大鬧，弄得妳手忙腳亂，一臉尷尬。

但我們也不能因為這些，就放棄好好去享受生活的每個瞬間。

很多人總是覺得應該等到一切都準備妥當，才能去好好享受。例如等到有錢了，再來一場說走就走的旅行；等到瘦了，再去買美美的衣服和包包、化美美的妝；等到有時間了，才去陪心愛的人做喜歡的事……結果，很多時候我們等到花都謝了，還沒有做我們喜歡的事。

我曾在逛街的時候，見過幾個很胖的女孩，她們都化著好看的妝，衣服搭配得很好看；當我看到她們，真的覺得賞心悅目，像是很美的風景。很多時候，我們都缺少這樣一種自信，和對美的堅持。

劉若英在文章〈一世得體〉中寫道：

我尚且會提醒自己臉上總要帶上笑容，心中滿是歡喜，這很重要。因為唯有如此，才是一切得體皆宜，這是祖母教給我的。

有時候「化妝」裝扮的不僅僅是臉，還有你的心。相由心生，心由相表，我們看這個世界的時候，這個世界也在看著我們。每一天的生活，都是一場大派對。

作家艾明雅則在〈有些高級的美，需要時間來沉澱〉寫道：

女人的歲月，無非就是從一條公主裙，到一件真絲白襯衫，最後到妳願意去穿一件簡單的黑袍，行走世間，包容萬象。

年輕時的妳，需要一件好看、自己喜歡的睡衣，在某個美好的夜晚，還原自己久違的少女心——**我們穿的不是睡衣，而是認真生活的態度**。

一九二八年生的溫克爾（Baddie Winkle）是個普通的美國老太太，在她身上，歲月的痕跡一覽無遺：身上的肉鬆垮垮的，贅肉占領了所有曲線，斑點和皺巴巴的皮膚覆蓋全身。她沒有和時間進行無謂的抗爭，只是坦然勇敢的打扮自己，對各種新潮服飾來之不拒；她甚至佩戴各種誇張的首飾、化哥特妝展示烈焰紅唇。

在很多人眼中，她的穿著太過大膽，不符合她年齡的品味，但是她的勇敢讓人明白，原來在步入暮年之際，一個人依然可以有熱情、有活力的去改變自己，裝扮自己。很多時候，我們都缺乏裝扮自己的勇氣。

幾年前，我看了一場相當有趣的演講，演講者是韓國「DDanzi日報」社長金語俊。他說他年輕時，去歐洲當背包客，當他在巴黎街頭經過一間西裝店，相中了裡頭的一套西裝，就不由自主的走進店裡，直接把西裝往身上套，連領帶、皮鞋也統統拿下來穿上，所有一切發生在三十秒以內，一氣呵成。

他回頭一看鏡子，感覺自己真的很帥，然後再看價格，折合韓元大概是十二萬左右。當時他身上共有一百二十多萬，於是就想直接把這套西裝買下來，忽然他又仔細一看，赫然發現自己少看了一個零——衣服是一百二十萬韓元才對。

他平生買的所有衣服加起來，都沒有這麼貴，但一想到鏡子裡那個小夥子簡直帥到掉渣，他實在不想脫下來。最後他轉念一想：「**等到三十歲有錢了**，那時再買下自己最愛的西裝，這樣**就能找回我在二十五歲失去的幸福嗎？**」便毫不猶豫的買下那套西裝。

第二天早上一醒，他開始發愁：身上只剩下五萬韓元，該怎麼辦？

他拿著五萬韓元，找了一間旅館住了一晚。第二天早上，他邊結帳邊說：「老闆，我要是去火車站拉來三個客人，你就讓我多住一晚吧。還有，如果能拉來五個人以上，就依人頭數給我分紅。」老闆答應了。

沒想到當天，他只花了一小時，就拉來三十幾個客人。憑什麼？因為他穿得像 Boss 啊！隨著旅館生意越來越好，他索性拿著賺到的錢，自己去捷克租了一棟房子作為旅館（當時的東歐國家比較缺乏提供住宿的地方），又去火車站僱了一個年輕人，用一樣的方式拉到更多客人。

當他準備離開捷克的時候，口袋裡一共有一千多萬韓元。他表示這一切，都是因為當時買了那套昂貴的西裝。自那以後，他就有個一直遵守到現在的原則——**現在就要幸福**。

每一件衣服都體現著你的生活狀態，在生活的舞臺上，有很多閃閃發光的人，從某種意義上來說，他們都是精心準備過的。雖然每個人都有瑕疵和苦惱，但那些花在修煉自己氣質上的時間，都可以讓自己過得更加平和自如。

有些時候，我們和他人的區別和距離，只是一件好看的衣服而已。

4 真正的順其自然，是盡全力後不強求

劉鐵丹是出了名的摳門和愛吃，日常生活的每一項支出，都記在自己的小帳本上。

有一次，她去朋友家吃火鍋，吃到最後鍋裡沒東西了，她還一直撈，朋友便開玩笑說：「不然妳把褲腳折起來，整個人下去撈好了。」身邊的人都認為，她把好好的生活過得緊巴巴，嘲笑她不懂生活，浪費了大好時光。

有人的狀況是：「我哪是什麼樸實、節儉、不會過日子的人，我只是單純的窮而已。」但劉鐵丹並不是一個很窮的吃貨。她努力工作，拿著一份不錯的薪水，只是總會下意識的摳門節省，也從不逛商場、買名牌。

她從事地質勘查工作，那個團隊裡的每個人都朝氣蓬勃，她是團隊裡少有的

兩個女生之一。他們走過了那麼多地方，曾在茫茫的戈壁灘上迷路，也曾在白雪皚皚的高山上，扛著經緯儀走山路。有時候和同事在山上吃榨菜，她覺得眼前每一塊石頭，都有自己的溫度和故事。

周圍的人都覺得劉鐵丹把二十幾歲的人生，過成了五十歲的樣子。但是在她二十八歲生日，她做了一件大家都沒想到的事——把自己工作三年來所有積蓄，捐給她家鄉的小學。

她說她出生在一個貧窮的小山村，從小就沒有見過大山外面的世界，是讀書改變了她的命運，讓她有機會看到世界更廣闊的地方。所以她打從一開始就有個夢想——讓更多小孩有機會看到外面的世界。

她認為，生命是向內生長的過程，只要我們內心覺得快樂富足，那麼它就是最有價值的。

作家澈言寫過一篇文字：

跟著客戶見了規格極高的餐廳和五星級的酒店……住夠了六環外跟陌生人合

租的、只有一張床的隔間；看見別人家電齊全精裝的兩室一廳，羨慕得兩眼放光；蹭坐在同事的奧迪車裡，再也不好意思騎自己廉價的自行車，還聯想到昨天下午，偷偷看到別人薪水袋上的金額和他們剛換的新手機。

當我忽然認識了這個世界之後，我忽然不認識我的世界了，那種狀態持續了很久，而且越演越烈，什麼事都不能讓我高興，我覺得這個世界真的無趣。

那種急功近利的想法會吞噬掉很多人的鬥志，可是一副聽天由命的樣子又太過頭。

我們的生活就像是動畫電影《麥兜響噹噹》的主角麥兜，說過的一段話：

「拿著包子，我忽然明白，**原來有些東西，沒有就是沒有，不行就是不行**，沒有魚丸、沒有粗麵、沒去馬爾地夫、沒有獎牌、沒有張保仔[31]的寶藏，而張保仔也沒吃過那包子；原來愚蠢，並不那麼好笑，愚蠢會失敗、會失望，失望並不那麼好笑，胖也不一定好笑。胖，不一定有力氣，有力氣也不一定行。

「拿著包子，我忽然想到，長大了，到我該面對這硬邦邦、未必可以做夢、未必那麼好笑的世界的時候，我會怎麼樣呢？」

很多人都說，聽天由命吧，命中註定是你的，一定歸你；不是你的，強求也沒用。但是你沒嘗試過，又怎麼知道命運如何安排？我們總是喜歡拿「順其自然」來敷衍人生道路上的荊棘坎坷，卻很少承認，**真正的順其自然，其實是竭盡所能之後不強求，而非兩手一攤不作為**。

有人抱怨，為什麼自己這麼倒楣？在地鐵裡被擠掉鞋子，上廁所的時候掉了手機，跑業務的時候丟了面子，網購的時候買了假貨，吃飯的時候牙齒碎了，花了一整晚寫的方案被一秒否決。

那些黑暗消沉的時光中，你是不是也曾經無助的哭了很多次？是不是無數次想要放棄？可最後你還是咬著牙撐了下來，自己堅持著走過每一步，一如我們總在霧霾後，才更懂得晴天的美好；總要經歷一些痛苦，才更懂得活在當下的意義。

---

31 香港歷史人物，原名張保，一八一〇年以前廣東沿海著名華南海盜。

如果你不想變成整天無所事事的庸人，不想以後回憶起這輩子，才發現沒有讓自己感到驕傲的事情，不想以後每天做的都是不喜歡卻必須做的事，你就必須充盈自己的內心，並且喜歡這個世界。當你對這個世界充滿更多的愛，你會發現，**成熟比成功更有成就感**。

不要在現實面前退縮，那些痛苦只是我們在積蓄力量時的前奏；不要總是拿我們的生活去對比他人，每個人的人生都與眾不同且獨一無二。千篇一律的生活，不過是重複模仿的空殼，我們要花更多時間去武裝頭腦，畢竟人有多睿智堅強，生活的舞臺就有多寬廣。

5

還能感動，就還能接收幸福

曾經以為，生活應該無堅不摧，而我們就像戰士、像打不倒的小強；可是後來才發現，人生需要感動，才能守住那些始終純淨的東西。

可然和我說，她在社區工作的時候，每每去慰問貧困居民，都會淚如雨下。

舉例來說，某一家的小孩剛滿十歲，母親患了心臟病，父親因為車禍只剩下一條腿。她帶著慰問的米、麵、油去拜訪，看到他們家家徒四壁，小孩子一年也洗不了幾次澡，使得脖子黑黑的，衣服也皺巴巴的沾滿油漬……她很難想像，現在還有人生活得這麼苦。

每個人的生活，都有自己的苦，那些我們以為不曾遇見的艱辛，都存在於每個角落。

猶記消夏節[32]的時候，每晚廣場都會有演出。有一個二十幾歲的女生，每次都站在第一排，演出結束後，她總是第一個爬上臺用力鼓掌，而且笑得很大聲。

有人說：「這個患有精神病的女生又來了，她從小就會跑來看演出，以前個子小小的，連檯子都搆不到呢，現在長大了，可是依舊那麼傻……。」

我看著她興高采烈拍手的模樣，或許在她的世界，她永遠是個無憂無慮的小孩子。這個世界永遠都需要純真的笑容，哪怕那個患有精神病的女生不懂笑的真正含意也無妨。

西班牙電影《革命前夕的摩托車日記》（*Diarios de motocicleta*）中，一九五二年一月，患有嚴重哮喘的二十三歲青年——切．格瓦拉（Che Guevara），和二十九歲的阿爾貝托．希門內斯（Alberto Jiménez），帶著簡易的行囊騎上一輛一九三九年產的諾頓（Norton）五百 C.C.摩托車，開始一段橫越南美大陸的旅行。

阿根廷、智利、秘魯、哥倫比亞、委內瑞拉，路在輪胎下延伸了一萬兩千公里。寬廣無垠的天地、不見盡頭的大道、摩托車的轟鳴，還有青春的夢想，一同在路上飛揚。世界在未知的地方展開。

世界在你所不知道的地方改變了你，而你也決定改變這個不公正的世界。

有個網名叫牛牛犇的背包客，寫下自己赴藏的經歷：

冰雪路段的出現，幸福了雙眼，卻加劇了雙腳的痛苦。融化的雪水順著原有的道路，緩緩流下，還來不及注入河流，便再次結出片片冰層，層層疊疊的堆積起來，踩在上面喀喀作響，奇滑無比。老王一不留心，上去的第一腳就是一跤，手肘和膝蓋重重的磕在碎石上，隔著厚厚的衣服也難逃掛彩的命運。疼痛、疲憊，依舊還是要繼續前進的。

我沒有帶登山杖，腳稍微在冰面上一點，便確信這絕不是偶然的大意滑倒，

32 二〇〇七年創立於長春的旅遊節慶活動。長春市旅遊局利用長春清涼避暑的氣候優勢，舉辦一系列特色活動，從而豐富和活躍市民和遊客的文化生活，帶動夏季旅遊快速增長。

無奈之下只能另尋出路，選擇更加耗費體力的方式，踩著旁邊的碎石，跌跌撞撞的行進。

從止熱寺到卓瑪拉山口的五公里，是我這兩天裡，走過最為漫長的五公里。這種可以稱之為自虐行徑，讓我一次次衝破極限，滿心充滿著寄情於山水之間的感動。只要你勇於做出這樣的嘗試，將會永遠無法忘記當時的那份感動，因為，山，就在那裡。

出行前，他查閱了一些岡仁波齊[33]轉山[34]的遊記，發現雖然完成轉山的背包客很多，可真正留下詳細紀錄和豐富照片的卻寥寥無幾。真正上路後，他似乎知道了其中的緣由——身體上的疲倦、審美上的疲勞，加上無法忍受的寒冷，讓人很難再主動打開相機，更不可能做到靜心記錄，美景便這樣離開了他們的鏡頭。

路上，他們遇到了一對駐足觀望的夫妻。他們的衣著和其他轉山的藏民有所不同，給人感覺應該是長期在城市裡生活。只見大媽拄著一根木棍站在前面，大叔則背著雙肩包，默默跟在後面；縱使路途艱辛，兩人臉上始終洋溢著幸福的微笑。

當我們被這個世界感動，我們才會更好的前行。

幸福的定義應該是這樣的：落雨的夜裡，你風塵僕僕趕回家，車站的路燈下有等你的傘；窗外風聲很急，睡眼矇矓中，有人替你拉了拉被角；你無意中流露出的喜歡，連自己都忘記了，卻被人悄悄記在心裡。

這個世界上，錢和權力確實能讓人活得舒服，愛卻讓我們勇敢和安心。其實，很多時候，讓我們疲憊的並非前行的過程，而是我們漸漸失去的那些感動。

你還會扶起在馬路上跌倒的老人嗎？你還會幫助那些真正的乞討者嗎？你還會為一首歌感動嗎？

或許你會說，那些都是騙人的，還是好好的為自己而活就好，傻瓜才容易感動呢。可是我相信，你依舊會被那些溫暖的笑容所感動。你如何對待生活，生活就

---

33 岡底斯山脈的第二高峰，海拔六千六百三十八公尺，位於西藏境內，常年朝聖者絡繹不絕。

34 是一種宗教儀式，也是西藏人的信仰，遭遇苦難的人可藉由反覆繞走神山來減少罪愆。

如何對待你。

你應該也有這樣的體驗：當我們開始忙碌的一天，若得到陌生人一個善意的微笑、鄰里間一個簡單的問候、朋友間幾句真誠的對話、愛人一個大大的擁抱，你會發現，一整天的心情都很好。

讓生活充滿陽光的，是每天在嘴角開出的大大花朵。

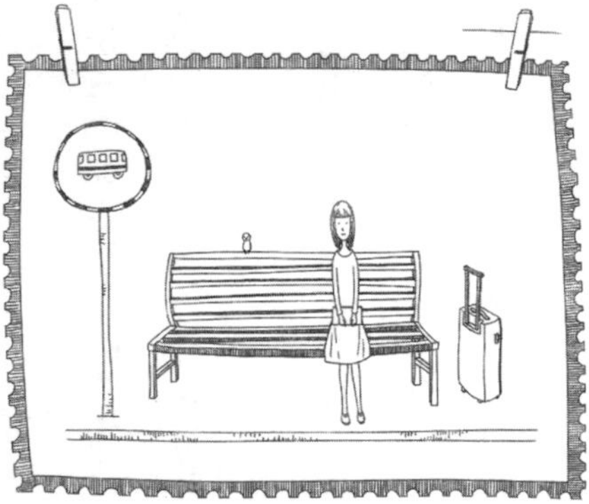

6 痛苦來自想變強，不甘願放棄

曉雅說，她在公司的年度考核中，又華麗的墊了底。

安可說，在他們電視臺「觀眾最滿意的主持人」評選中，身為主持人的她居然沒有看到自己的名字。

賽思說，她去年一整年的銷售業績掛蛋。

可是，她們明明都很努力啊。

曉雅從國外留學回來，具備堅強的技術實力，工作上從不馬虎，可是她從不愛與人溝通，甚至覺得和同事相處，簡直是在浪費有效的工作時間，而且她腦海裡總是會出現四個大字：都是對手。

安可是名校新聞主持專業畢業的大學生，聲音好聽，但工作穩定之後，她因為工作忙，疏於管理身材，有時候半夜下了節目，還會再吃一盤麻辣小龍蝦，所以她也快變成肥胖的「小龍女」了。在鏡頭面前，她的臉越來越大，這都看在觀眾眼裡，於是有人調侃：「電視好像有點窄，快放不下她的臉了。」

賽思人美心軟，口才不佳，所以在成為房仲之後，她總是沒辦法很順利的把房子推銷出去。一開始她的亮麗形象為她加分不少，可一旦開口講話，她就說不清房子的優點。有時顧客會開玩笑：「我書是讀得少，但妳也不能這麼欺負我啊。」

記得我妹妹讀小學三年級的時候，有一次學校舉辦運動會，她報名參加五十公尺賽跑，跑之前，我們都到學校替她加油。那些年，學校凡是跑兩百公尺、五百公尺、八百公尺的同學，常會擔心跑步時胃不舒服，或是為了跑步更方便，便在開跑前，用紅領巾或其他腰帶來勒緊肚子。

那天陽光明媚，跑五十公尺的妹妹居然也在腰間繫了紅領巾；預備槍聲一響，沒等我細看，他們的五十公尺賽跑已經結束，四個人比賽，妹妹跑了第三。當時我和爸爸笑得停不下來，心想妹妹還真搞笑，短短的五十公尺還要繫紅領巾嗎？而且她還辜負紅領巾對她的期望，跑了倒數第二。

之後很多年，我們都把這件事當成笑話在講。妹妹總是反駁：「即使是五十公尺，我也要準備好呀。」後來我想了想，覺得她說得很有道理。我們的生活，不就像是個隨時要比賽的賽場嗎？當你都準備好了，才能好好發揮潛力，哪怕最後失敗，也沒有遺憾。

新的一年，我身邊的那三個女人也開始改變。

曉雅學著與同事真誠溝通，就算只是一句早安或者您好，她都盡量讓人覺得發自內心，同事們也對她不再戒備，不再覺得她高高在上冷冰冰，由此她開始更好的融入自己的工作圈子。

安可下定決心開始健身減肥，因為她認為，她必須讓觀眾有更舒適的視覺感受，而且她的形象不僅代表她自己，也代表著這座城市的新聞主持人所呈現出來的氣質。於是，每天下節目的小龍蝦，被夜跑和跳繩取代了。

賽思決定認真閱讀並好好練習口才，所以固定每週閱讀兩本書，每天早晨練習口才一小時。堅持了一段時間之後，她終於體會到內外兼修的樂趣，閱讀所帶來的知識累積，也讓她和顧客聊得更自在，不像之前那樣結結巴巴。

我們的短處，其實也是逼我們努力改變的動力。每個人都不可能十全十美，就像讀書時老師讓我們查漏補缺一樣，我們的人生，也需要時刻用心審視。

正如暢銷書作家王瀟說的：「哪有什麼大女人小女人之分，端看願拿什麼出來通關，並且打得贏、打得愉快。生存面前大家都是戰士，只是裝備不同；外貌和才華同屬可選裝備，都需要天賦，也都靠努力。在哪個戰場用什麼打、能否打贏，都是懸念，選定後就該多練級、少抱怨。」

有時候，我們就是要把人生，當成一場隨時要準備奔跑的一百公尺跨欄比賽。雖然中途有很多障礙，但是勇敢的跑過去，總會跑到終點。

奧克薩娜·丘索維金娜（Oksana Chusovitina）出生於堪稱「體操荒漠」的烏茲別克斯坦，七歲開始體操訓練，十六歲獲得第一個世錦賽冠軍，二十一歲亞特蘭大奧運會後功成身退，之後和一位摔跤運動員結婚，生下兒子。

但她兒子在三歲時罹患白血病，而擔任運動員時那些積蓄，遠遠不及治病所需的費用。面對難題，她決定重回賽場，用比賽獎金為孩子治病，那是二〇〇二年的事，這年她二十六歲——是的，在二十歲就被稱為老將的體操界，她拖著已經二十六歲「高齡」的身體，重新投入訓練。

面對世人的驚嘆，她平靜的回應：「只要兒子還沒痊癒，我就要一直堅持下去。」這句「你未痊癒，我不敢老」，曾讓無數人瞬間淚目。二〇一六年，當她站在里約奧運的賽場上時，所有人都在為她加油吶喊。

二〇一七年，游泳運動員傅園慧在微博上，發表了二十一歲的生日感言：

我永遠也無法忘記，曾經已經不堪一擊的我，和這一年最痛苦掙扎時的我，是什麼樣子——那是一種深刻的絕望。就像是身在黑夜裡，抬頭望不見星星和月亮，刮骨的冷風吹在身上。

有一天我突然肩膀抬不起來了，那天中午正好輪到我洗碗，我不小心把手裡的盤子砸到水池好幾次。我其實很害怕，下午還要游強度的，我不能缺課。趕緊找醫生扎個針灸，結果下午訓練衣服都穿不上去了，我還是去游了強度，雖然游得很慢但畢竟還是訓練了，挺開心的。就這樣堅持了幾天，我又倒下了。

我不想比奧運會、不想游泳、不想當運動員了，我想回家去。我不懂我為什麼會這麼崩潰，後來我知道，是因為我在堅持與放棄之間猶豫不決，它像毒藥一樣一點點腐蝕我的意志，而我自己卻沒有意識到；我痛苦是因為我想要變強，我不想放棄。

走進奧運會賽場的時候，我已經是全新的我了，儘管只是個第三名，但這是我用了整個身心換來的，它比所有的榮譽都要好，它對我來說，是最好的。

如果你覺得一件事很輕鬆，或許是因為你根本沒做到最好。讓我們時刻準備好為自己奔跑，就像在體壇頒獎晚會上，傅園慧問劉翔：「劉翔哥哥，你的傷還痛嗎？」劉翔當時的回答是：「夢裡會痛。」

7

真正的美女是，明明可靠臉吃飯，卻用心靈征服人

我一直都覺得，比氣質更重要的，是待人的方式。我見過太多美女，有的落落大方，有的斤斤計較，有的豁達寬容，有的尖酸刻薄。

一個真正意義上的美女，一定是讓人感覺有親和力的，不僅僅是外觀上的優雅。而心靈的修煉，是我們一輩子要去做的事情。

有一場演講比賽的時間延期了，但我們忘記通知參賽選手，導致有幾個小女生按照之前通知的日期趕了過來。儘管我們一一解釋，有些人看起來還是很不高興，埋怨我們沒及時通知，讓她們白跑一趟。

在這群人當中，有個紮著馬尾的女生讓我印象深刻。她穿著白襯衫，化著簡

單的淡妝，氣質出眾。我連忙向她解釋沒有及時通知的原因，她卻始終面帶微笑，說：「沒關係，我到時候再過來。」然後很有禮貌的打招呼離開，給人感覺內外兼修又大器。

過了幾天，她來參加演講比賽的抽籤，因此我們又見面了。漸漸的，我們熟識起來，原來她除了工作之外，還是一名兼職主播，我尤其欣賞她氣質裡那種落落大方和優雅——明明可以只靠臉吃飯，卻又用美麗的心靈征服別人。

比起那種整型臉、燙大波浪的女生，她簡直是生活中的一股清泉。

工作之餘，她會錄製自己喜歡的電臺節目，閒暇時會去畫畫、學習插花。這樣的女生像是一道閃閃發光的風景，讓你覺得，原來生活真的可以更美。

可能大多數人都一樣，每天工作繁忙，終日都只為生活奔波，沒有太多的時間，甚至每天都手忙腳亂，很少有人能真正放慢腳步，去欣賞我們的生活。同時，我也相信，大多數人這麼疲憊、這麼拚命，都是想讓生活變成自己喜歡的樣子。

幸運的是，我們總能遇到一些美麗的人、美麗的心靈，讓我們更加相信，我們為之努力的前方陽光明媚。

小薇大學時第一次打工，在泰式餐廳，主管讓她們雙手合十向客人說「薩瓦迪卡」，不料她當時一緊張，腦子瞬間打結，竟然雙手合十，對著客人說了聲「阿彌陀佛」。

有一次，餐廳來了一個外國客人，結完帳後對她說了一大串外語，然後笑看著她。小薇當時完全聽不懂，正感到焦慮時，一旁收拾碗筷的阿姨說：「他請妳幫他拍張照。」

那一瞬間，小薇覺得自己作為失敗的典型，實在是太成功了……她突然意識到，不能輕視周圍的任何一個人。之前她還對收拾碗筷的阿姨有很多不屑，覺得阿姨一定是生活潦倒困苦，才會每天做這麼累的工作。

可是之後觀察，那位阿姨對每位顧客都面帶微笑，遇到不禮貌的客人也總是耐心解釋，沒有客人時就坐著用小本子背單字，直到餐廳慶祝開業紀念日的時候，看到那位收拾碗筷的阿姨穿著晚禮服，優雅的和同仁舉杯歡慶，小薇才知道她原來是老闆的媽媽。

後來，小薇也學會如何用真誠的微笑和客人溝通，如何在有效的時間內，更有效率的學習。對於人生課題，她學會了「減法」，減掉自己的負面情緒，且練習的次數越多，她反而覺得自己得到越多。雖然小薇在那間餐廳僅僅待了三個月，但是生活教會她，不管遇到什麼都用心去對待，因為一個人的心靈是否美麗，與處在什麼樣的環境、什麼樣的境遇無關。

這讓我想到電影《阿甘正傳》（*Forrest Gump*）的臺詞：「讓每一天都有所值，就像太陽落山前映射在河口上，有無數的亮點在閃閃發光。」

有網友問：有沒有一件小事，讓你覺得自己很善良？

A說：「之前有工人來辦公室門口修瓷磚，我總是對他們客客氣氣、雙手遞上茶水；由於電鑽鑽出來的水泥灰塵太嗆，我還把自己買的口罩給他們，希望出門在外以己微薄之力，予他人溫暖。」

B說：「去年秋季，某天下著小雨，有個中年婦女撐個小雨傘，在三輪車上擺了幾袋衛生紙，她女兒則趴在三輪車上寫作業。我雖然是去出差的，用不到那麼多衛生紙，但我也買了兩袋，再送給做回收的老人。」

C說：「每次在走廊，看見外送員奔跑著上電梯，我都會為他們開門，按好電梯讓他們先行。一想到外送員為了搶時間，可能自己都沒吃飯，我就很心疼他們。如果這世界每個人都釋放一點溫暖，冬天將不會冷，因為心是暖的。」

其實我常常覺得，無論是以何種形式去修煉自己的內心，都不是為了別人那一點謝意，而是想讓別人感受到更多溫暖。待人、接物、學習、奉獻，都是我們需要一輩子去感知的事情，說到底都是善良的能量，你怎樣對待他人，這個世界也會怎樣對待你。

大概人生所謂的圓滿，就像弦月後的一輪暈圈。只要心中有弦，便能彈奏出我們自己的日月光輝；只要是不負生命的小宇宙，縱使缺憾亦不枉人籟。

請修煉你的心靈，所有堅持前行的人，縱使熬煮經年的血汗，也不忘在衣兜裡揣滿善良的種子，並於最後一場乾冷的季節種下，相逢屋簷流淌的第一滴雨。如此溫熱的希冀，終會長出新綠的葉子。

如果你覺得生活是美好的，你一定擁有一雙發現美好的眼睛，和一顆踩不碎的心。當你的心靈是美的，那麼再悲催的事情，也會被你的溫暖溶解。

8 三十歲後，相由「薪」生

「後來我曾想到的那些瞬間，和那麼多徹夜難眠的糾結，好像感受到的不是當時的痛苦，而是經歷過苦痛之後結痂的勇敢——時光讓我們學會無懼風雨，所向披靡。」這是蘇易發在動態的一段話。

嗯，當年的蘇易真是個有個性的女孩。

記憶中的她，瘦瘦小小，但身上好像積存著巨大的能量，高中時就以無所畏懼的精神勇闖江湖。她的大膽是出了名的，舉例來說，若老師講課時的某個觀點和她認知的不同，她會立即提出，而且滔滔不絕的講出自己的理由。

看著她不論做什麼事，都有一股不服輸的倔強，那時我們都覺得，這個丫頭夠厲害。

很長一段時間，她都獨來獨往，甚至因為與眾不同的個性，遭到同學們的各種議論。後來她迷上了寫詩，文筆也特別好，看著自己被發表的一篇篇詩歌，她都會剪貼下來，收藏進筆記本裡。

大學畢業後，蘇易迷上國學，開辦了自己的書院，熱衷讀書、寫字、教書。因為有幾年畫畫功底，所以她對國學藝術的理解更為深入。內心有夢從未停止，亦不對生活妥協——這是她一直以來的態度。

夢想的確是人生最有力的加油站，雖然有時候她會到凌晨四點才休息，只為了讓一個講座方案更完善，也會帶著孩子為各項讀書活動奔走忙碌，直到孩子在車裡睡著才結束一天的行程，她也甘之如飴。

她說：「在任何覺得不適的境地中，都是一個覺醒和提升的機會。我完全接受命運的安排，不抗拒，願自己坦然應對。我相信自己永遠活在愛與光明之中，一切都是最好的安排，需要的只是等待……。」

我見過很多變得越來越好的女孩，並不是她們多麼富有、多麼美麗，而是她們的心，一直都是特別純淨的樣子。

有網友提問：截至目前你生命中最好的那一天，發生了什麼事？

有人回答：

「生命中最好的那一天啊，鬧鈴響起的時候我剛好也睡醒了，精神飽滿的按下鬧鈴起床穿衣。媽媽做了我愛吃的早點，奶茶溫度剛剛好，就在喝完它的那一剎那，我看到了清晨的太陽和火紅朝霞。接著我騎車去上學，路上聽了我最喜歡的吉他曲，而且經過的十字路口恰好都是綠燈。

「放學時，三五好友嘻嘻哈哈；回家後，小狗第一時間跑來迎接我，爸爸切好水果問我今天開不開心。**這些事情好像平凡得不值一提，可是人生裡，能有幾個這樣平凡裡浸滿了幸福的日子呢？**」

我們總是想要充當夸父追日的英雄角色，卻忘了最平凡的我們，才是最真實的存在。我們應該像范仲淹那樣「不以物喜，不以己悲」，然後過我們形象不羈、笑點低的小生活。

有一個女孩子，曾經把她的故事寄到我的電子信箱。

她說：「喜歡了一個人三年，完全低到塵埃裡，可是開出的只是帶刺的仙人掌，好像完全失去了自我，就跟小時候玩刮刮樂一樣，刮出『謝』字還不扔，非要把『銘謝惠顧』都刮得乾乾淨淨，才捨得放手。我覺得總有一天他會喜歡上我，可是無論我多努力，他總是視而不見，我是不是該放棄？」

我回覆：「如果一段感情不被在意，那就不要浪費時間。事後想想，有些愛即使沒有結果，至少我們在動心的那一刻，是真的。」

有人問我，為什麼不多寫幾句，給這個堅強美好的女孩子多一些鼓勵？

記得幾年前，我和幾位前輩去一間大學，向同學們分享如何寫作。互動提問時間，一個女生舉手問我：「怎麼跟自己喜歡的人表白？」當時在場的同學都哈哈大笑，我也只是很官方的回答：「勇敢去表白，不要怕被拒絕。」

可是現在，當我再想到這個問題，我會告訴她：「當妳變得更優秀、變得更勇敢，成為更好的自己時，妳就可以去表白，哪怕被拒絕，也不會有遺憾。」

等你變得更好，可能考慮的就不是表不表白的問題，到時會有更加合適的人出現在你面前，等待著你的選擇。

一個人的格局和氣質很重要，當你把格局放大，你會發現自己看事物的角度也不同；永遠不要逼著自己前行，而是主動學會接納這個世界。當心胸開闊了，你會發現，即使跌倒、即使躺下，你也會在休息好了之後，爬起來繼續前行。

有時候，我也會討厭這個功利的時代。它讓很多人都活得太用力，恨不得今天就把明天和後天的所有事情都做完，他們的腳步太快，快到完全沒有時間去看周圍的風景。所以，**越來越快的生活節奏讓人們的幸福感陷入危機，在一些人的價值觀中，「慢下來生活」就變成了「太懶惰」**。

有些人在期待成功時，並不知道這些成功，其實已經被他們忽略了過程。

我看過一句話：「三十歲後，相由薪生。」這個相，不僅是指你的容貌，還是你整個人的**精神面貌和生活態度**；這個薪，不僅是指你的薪水，還指你**對金錢的考衡和對賺錢的把握**。你有嬌俏的容顏、不怯場的外殼，以及一顆沒有被委屈和蜷縮浸染的心，才更有柔情和力量去面對生活中的雞飛狗跳，也才不會被功利又赤裸裸的現實打敗。

後記
願我們不負時光、不負自己

謝謝你，陪我到這裡

謝謝你，一直讀到這裡。

我小時候住在離山不遠的地方，冬天的時候，喜歡看家裡玻璃窗上的冰花。家裡的床單是那種有淺紅色牡丹圖案的布料。廚房很小，但媽媽總會收拾得乾乾淨淨，每天晚上放學一進家門，就能聞到媽媽做飯的香味。

偶爾我會去外婆家住上幾天，九歲的時候，我把爸爸的舊毛衣拆了，織了一條圍巾送給外婆當禮物。外婆樂得合不攏嘴，逢人便誇自己的外孫女多麼心靈手巧，還織圍巾給她。

那時候，我總會問外婆一個問題：「人為什麼會老？讓我拿熨斗把外婆的皺紋熨平吧。」外婆總是大笑說：「人活著活著就老了啊。」

我和外婆家周圍的小孩們，在外婆家的院子裡刨土，在地上畫千奇百怪的圖案，還會一起追著小狗跑。玩累了就跑回外婆家裡大口喝水，坐在破舊的椅子上看老貓瞇著眼睡覺，那時，外婆總是會把最大的荷包蛋給我吃。

多年後，當我再想起那條織給外婆的圍巾，就忍不住掉淚——那怎麼可以稱得上圍巾呢？明明就是一個小孩用舊毛線，針腳不一、歪歪扭扭的織了一條不規則的毛線條，可是外婆居然那麼珍惜它。

讀小學的時候，我大剌剌，每天歡快的和同學一起玩耍，在學校操場的單槓上練劈腿，結果腿沒劈成，反倒快把褲子劈爛了。從那時開始，我就知道自己沒有舞蹈天賦，肢體太過僵硬。

這時我不為考試成績發愁，人緣還比較好，最後順利畢業，其間參加了無數次大掃除，弄丟過一次書包，最後也被好心人撿到送回家。

後來搬到新家，家裡的空間和院子比之前大很多，我總是趁著週末，和媽媽在院子裡打羽毛球，羽毛球不知道飛到屋頂上幾次了。我還養了一隻特別聰明的小狗，牠每天都用心陪著我們。

每次過年收拾家裡，我都會找到很多寶貝，以及那些年買的錄音帶和海報。錄音帶裡的歌星離我們那麼遠，可播放他們好聽的聲音時，他們又感覺那麼的近。那時我的書桌旁，貼的是課表和計畫表，我記得那盞小檯燈下微弱的燈光，透過它，好像可以看到山南海北。

上國中後，我開始偏科，對數學陌生到即使給了正確答案，也演算不出過程。數學老師講課的時候，我都迷茫的看著黑板，內心則是崩潰的。每次發下數學考卷，我看著上面的成績，心裡總是空洞洞的，像是被鑿了一個窟窿……人家說鑿壁借光，而我是鑿了心臟，心裡的那點光都丟失了。

有次考試又考砸了，我哭著回家，媽媽告訴我：「沒關係，妳已經盡力了，人生哪有那麼多圓滿。」

國中時，我經常和好朋友一起騎著自行車上很陡的坡，好像有用不完的力氣，更不顧頭髮被風吹亂，依舊歡快的穿著校服，蹬著自行車向前。那時我喜歡畫畫，和同學一起出黑板報[35]，每次畫完，手都被粉筆沾得花花綠綠，有時候臉上、額頭上都是粉筆灰，但是一看到成品，心裡還是會開出一朵小花。

那大概就是少年時最簡單的歡喜。

讀高中的時候，我毫無懸念的選擇文科，在物理課上背政治，在數學課上寫作文。那時我澈底成了理科白痴，只要有數字出現，全靠猜，而且猜對的機率特別低。有人說，別再抱怨你在全球七十八億人中找不到一個對的人了，考試時數學題只有四個選項，也不見得選到對的——不得不說，很有道理。

高中每個晚自習，都有背不完的文章，那時最害怕四個字：背誦全文。每個夜晚，好像都很忙碌，我們在靜靜的教室裡，只有安靜的書寫聲和微小的背誦聲。

在高中上體育課，女同學好像突然變得拘謹起來，連最豪爽的女生在仰臥起坐時，都拉緊了校服，也有女同學在跑步時放慢腳步，害怕胸部太抖。或許幾年後她們才會知道，當年的胸平得根本抖不起來，是自己太多慮了。

夏天時，某個同學穿細肩帶的內衣，整個學校都一陣騷動：「看，她穿得真暴露，一點也不像高中生的樣子！」現在想想，細肩帶配校服，哪裡暴露了？但在當時那個年紀，穿個緊身牛仔褲逛街，都會被認為是在裸奔。

我很不如意的以數學低到不能再低的分數考上大學，去了異地，有時候一個人坐在公車上，很想念家鄉的風。雖然那樣的風會把臉吹得黑乎乎的，但我依舊很喜歡那樣熟悉的氣息。

我的大學過得很平靜，平靜得無聲無息，每天都在教室、宿舍、食堂之間穿梭，每次臨近考試，都是臨時抱佛腳，奮發看書到深夜，最後在那個不是很大的校園中，慶幸自己沒有被當。

大學所在的城市，是我很喜歡的地方，有老街古宅，有海有藍天。大學校園在那個城市的郊區，周圍有煎餅果子、狗不理包子、果餡湯圓之類的東西，當地方

35 以黑板作為載體，用粉筆或廣告顏料來書寫或繪畫，是最經濟、最方便、最常見的一種宣傳形式，廣泛應用於中國的中小學。

言盛著更多人間溫情。快畢業之際，我和室友一起吃熱騰騰的火鍋，雖沒喝酒，心裡卻好像有一些懷念在翻滾。

畢業之後我回到家鄉。很喜歡故鄉的夜晚，月色如水，心無波瀾。剛出社會那幾年，說話緊張到舌頭打結，坐公車還會坐錯站，但是現在真羨慕二十歲的自己，可以大聲笑，可以肆無忌憚的哭，不論多忙都不會感到累。

這些年，身邊的朋友一直都在，我們一起看星星、去廣場看風箏，一起在平安夜暢談剛剛經歷的人生，這一路我們笑著、鬧著、哭著，是彼此前行的力量。其實從小到大，我周圍大都是陽光開朗的女生，一路上，我還遇到了很多特別好的前輩，他們教會我勇敢，教會我如何保持初心，教會我努力前行。

如今的我並不敢說我改變了多少，但至少，我喜歡現在的狀態和生活，喜歡用盡全力去過好每一天。我會寫溫暖的文字，希望可以治癒正在迷途中的你。

前段時間，我看到東北女孩索尼薩給我的留言：「看了妳的文字，給我很深的觸動，請妳繼續堅持自己的夢想，活在當下，又不迷失當下。」每次看到讀者的留言，我就感覺自己之前所有平凡的日子都在發光，變成了心裡最初想要的樣子。

我能一直用心寫下去，並不是因為自己寫的文字有多麼抒情、多麼深刻，或者說構思有多麼好，而是因為文字有一種力量，讓我覺得我和陌生人之間能獲得共鳴……多麼神奇，我們素昧平生，卻因文字而結緣。謝謝你們，出現在我平凡的生命中，也讓我的文字更加有意義。

願我們山水相依，用文字來見證一場，希望它是你們孤獨或疲憊中的一杯清茶，風雪暖歸。

世界這麼美，讓我們為自己加油吶喊，在彼此看不到的地方，各自安好、各自努力，以自己喜歡的方式，好好生活吧。

願我們不負時光、不負自己。

國家圖書館出版品預行編目（CIP）資料

願你有個自己說了算的人生：關於結婚、生子、工作、搬家……或出走？別問爸媽、另一半或朋友，你該趁此活出自己想要的樣子。／易小宛著.--初版.--臺北市：任性，2020.10
320 面；14.8 x 21公分.--（issue；22）
ISBN 978-986-98589-7-7（平裝）

1. 修身　2. 自我實現　3. 生活指導

192.1　　109011165

issue 022

願你有個自己說了算的人生

關於結婚、生子、工作、搬家……或出走？
別問爸媽、另一半或朋友，你該趁此活出自己想要的樣子。

作　　者／易小宛
責任編輯／張慈婷
校對編輯／江育瑄
美術編輯／張皓婷
副總編輯／顏惠君
總 編 輯／吳依瑋
發 行 人／徐仲秋
會　　計／許鳳雪、陳嬅娟
版權經理／郝麗珍
行銷企畫／徐千晴、周以婷
業務助理／王德渝
業務專員／馬絮盈、留婉茹
業務經理／林裕安
總 經 理／陳絜吾

出 版 者／任性出版有限公司
營運統籌／大是文化有限公司
臺北市 100 衡陽路 7 號 8 樓
編輯部電話：（02）23757911
購書相關諮詢請洽：（02）23757911 分機 122
24 小時讀者服務傳真：（02）23756999
讀者服務E-mail：haom@ms28.hinet.net
郵政劃撥帳號／19983366　戶名／大是文化有限公司

法律顧問／永然聯合法律事務所
香港發行／豐達出版發行有限公司
Rich Publishing & Distribution Ltd
香港柴灣永泰道 70 號柴灣工業城第 2 期 1805 室
Unit 1805, Ph.2, Chai Wan Ind City, 70 Wing Tai Rd, Chai Wan, Hong Kong
Tel：2172 6513　Fax：2172 4355　E-mail：cary@subseasy.com.hk

封面設計／ FE 設計 葉馥儀　內頁排版／王信中
印　　刷／緯峰印刷股份有限公司
出版日期／ 2020 年 10 月 初版
定　　價／ 新臺幣 340 元（缺頁或裝訂錯誤的書，請寄回更換）
I S B N　978-986-98589-7-7